TACITE

VIE D'AGRICOLA

COLLECTION DES UNIVERSITÉS DE FRANCE
publiée sous le patronage de l'ASSOCIATION GUILLAUME BUDÉ

TACITE

VIE D'AGRICOLA

TEXTE ÉTABLI ET TRADUIT

PAR

E. DE SAINT-DENIS

Professeur honoraire de l'Université de Dijon

Dixième tirage

PARIS

LES BELLES LETTRES

2023

Conformément aux statuts de l'Association Guillaume Budé, ce volume a été soumis à l'approbation de la commission technique, qui a chargé M. R. Durand d'en faire la révision et d'en surveiller la correction en collaboration avec M. E. de Saint-Denis.

95 boulevard Raspail, 75006 Paris
www.lesbelleslettres.com

Premier tirage 1942

ISBN : 978-2-251-01272-8
ISSN : 0184-7155

INTRODUCTION

I

ÉTUDE LITTÉRAIRE

Circonstances et date de la composition. Quand Agricola mourut le 23 août de l'an 93 ap. J.-C., son gendre, Tacite, était absent de Rome et ne put prononcer son éloge funèbre [1]. D'ailleurs Domitien n'aurait sans doute pas toléré qu'on prononçât en public l'éloge d'un homme dont il jalousait la gloire militaire, qu'il avait rappelé de Bretagne pour le laisser dans le discrédit, et qu'il avait voulu peut-être empoisonner [2]. Tacite dut attendre pour rendre à son beau-père un devoir, dont il n'avait pu s'acquitter le jour des funérailles. Dans l'exorde de son opuscule, il définit son pieux dessein : *hic interim liber, honori Agricolae soceri mei destinatus, professione pietatis aut laudatus erit aut excusatus* [3].

Pouvons-nous dater cette publication ? Le chapitre III montre que Domitien est mort, qu'une ère de bonheur succède à la tyrannie, mais que l'on commence seulement à revivre : *nunc demum redit animus*. Dans le même passage, Nerva est appelé *Caesar* et non *diuus* ; Trajan, *Nerua Traianus* ; or celui-ci portait par adoption le nom de Nerva depuis la fin d'octobre 97. On a conclu de là que l'opuscule aurait été publié alors que Nerva était encore vivant, avec Trajan comme *socius imperii* et *consors tribuniciae potestatis*, c'est-à-dire entre la fin d'octobre 97 et le 27 janvier 98.

1. Cf. *Agr.*, XLV, 6 ; Tacite devait être alors gouverneur de la Gaule Belgique, où sa femme l'avait accompagné.

2. *Agr.*, XL-XLIII ; Dio Cass., 66, 20 ; Tacite (XLIII, 2) n'affirme rien en ce qui concerne l'empoisonnement d'Agricola par Domitien ; Dion Cassius, plus catégorique, dit que Domitien, poussé par la jalousie, finit par lui ôter la vie.

3. *Agr.*, III, 3.

Mais il n'y a pas uniformité dans l'emploi de *diuus*, pour désigner un empereur défunt ; ainsi dans le *Panégyrique de Trajan*, Pline appelle une seule fois Nerva *diuus*, et le mentionne cinq fois sans cette épithète [1]. D'autre part, au chapitre XLIV, Trajan est appelé *princeps* ; pendant sa co-régence, il n'était que *Caesar*. Le tableau de la renaissance politique et littéraire, esquissé par Tacite aux chapitres III et XLIV, convient donc au temps qui suivit immédiatement l'accession de Trajan au trône. L'*Agricola* parut en 98, comme la *Germanie*, mais avant elle.

Dessein de Tacite et nature de l'œuvre. Hommage pieux à la mémoire d'un beau-père ; biographie d'un chef, qui fut un soldat et un administrateur : un capitaine doué de décision, d'ingéniosité, de ténacité, payant de sa personne et donnant l'exemple de la bravoure personnelle, un gouverneur consciencieux, juste, habile à gagner les peuples soumis par l'attrait de la civilisation et par l'intégrité de l'administration ; l'*Agricola* est un panégyrique, une *laudatio*. Tacite, au début de son exorde, indique lui-même à quel genre se rattache son œuvre : *Clarorum uirorum facta moresque posteris tradere, antiquitus usitatum, ne nostris quidem temporibus quamquam incuriosa suorum aetas omisit* [2]. Allusion à la *laudatio funebris*, et à l'histoire de ce genre, depuis la République, où les patriciens prononçaient l'oraison funèbre de leurs proches parents sur le Forum, jusqu'à l'Empire, où l'on vit Auguste en personne prononcer le panégyrique de Marcellus ou de Drusus, Tibère celui d'Auguste, Néron celui de Claude, Domitien celui de Titus [3]. A l'époque de Tacite, le genre prospère : Quintilien dit qu'il faut apprendre l'éloquence, parce que la plupart des personnages, qui n'ont plus grand'chose

1. Plin., *Paneg.*, 7-10. Tacite lui-même, dans le chap. 13 du *Dial. des Orateurs*, écrit : *apud diuum Augustum..... testes Augusti epistulae..... quasi Augustum.*

2. *Agr.*, I, 1.

3. Cf. C. Martha, *L'éloge funèbre chez les Romains*, dans *Etudes morales sur l'antiquité*, Paris, 1883, pp. 1 sqq. ; J. Martha, *Tacite*, dans *Rev. Cours et Confér.*, 1895, II, p. 273.

à faire, peuvent être appelés à prononcer des oraisons funèbres [1] ; et Tacite lui-même, consul, fut chargé par un sénatus-consulte de prononcer celle de L. Verginius Rufus [2]. Pour certains critiques, l'*Agricola* serait une oraison funèbre retardée : Tacite aurait adopté le cadre fictif de ce genre et célébré la mémoire de son beau-père, comme s'il parlait devant son cercueil [3].

A l'appui de cette thèse, on peut insister sur le ton oratoire, qui règne presque partout, en particulier dans l'apostrophe finale, adieu pathétique et véritable apothéose du disparu ; on peut noter l'intrépidité avec laquelle Tacite s'applique à idéaliser son héros. Mais comment admettre dans une oraison funèbre toute la description géographique de la Bretagne, et l'histoire de la conquête sous les prédécesseurs d'Agricola [4] ? Sans doute, l'unité de l'opuscule réside, en gros, dans l'intention élogieuse : si la Bretagne est décrite en plusieurs chapitres, c'est pour montrer l'importance de la conquête et rehausser la gloire de celui qui l'a définitivement assurée [5], car Agricola fut l'homme de la Bretagne [6] ; si les tentatives de tous les prédécesseurs sont résumées avant la narration principale, c'est pour dérouler une toile de fond, devant laquelle se campe, plus haut que tous, Agricola, seul vainqueur [7] ; si même la tyrannie de Domitien est

1. Quintil., *I. O.*, 3, 7, 2.

2. D'après Plin., *Ep.*, 2, 1, 6, où Tacite est dit *laudator eloquentissimus* ; Pline pense-t-il seulement au panégyrique de Verginius Rufus, ou, en même temps, à l'*Agricola*, comme on l'a suggéré ? Il est impossible de répondre.

3. Opinion de E. Hübner (*Hermes*, I (1864), pp. 438 sqq.).

4. Sans compter l'épisode de la *cohors Vsiporum*, avec les scènes d'anthropophagie (XXVIII).

5. Cf. X, 1 : *Britanniae..... quia tum primum perdomita est ;* 5 : *tunc primum Romana classis circumuecta insulam esse Britanniam adfirmauit* ; XXIV, 1 : *naue prima transgressus* ; XXX, 1 (Calgacus avoue que les Calédoniens sont le dernier bastion de la Bretagne) ; 4 (id.) ; XXXIII, 4 (Agricola se flatte d'avoir fait mieux que ses prédécesseurs et atteint l'extrémité de la Bretagne) ; XXXIX, 2 (cette fois, la victoire est décisive).

6. Il y fut tribun militaire en 61 (cf. V), commandant de la 20e légion en 70 (cf. VII), gouverneur de 77 à 83.

7. La supériorité d'Agricola éclate dès son arrivée ; cf. XVIII, 6 ; XIX, 1 ; XX, 1. Dans la suite, Tacite la rappelle plusieurs fois : XXV, 1 ; XXXIII, 4 ; XXXIX, 2.

parfois attaquée [1], ce tableau satirique fait ressortir, par contraste, la sagesse, la modération et l'intégrité d'Agricola. Néanmoins, si ces développements ne sont pas inutiles à l'idéalisation du héros, ils sont d'une longueur démesurée. D'autre part, si l'*Agricola* est un discours, même fictif, l'auteur n'oublie-t-il pas sa fiction, lorsqu'il enclave, dans son discours, deux autres discours, ceux de Calgacus et d'Agricola, devant leurs troupes, avant la bataille du mont Graupius ? Que Tacite ici reproduise ou refasse le discours d'Agricola, passe encore ; mais le cadre de la *laudatio funebris* craque, en vérité, lorsque l'auteur y fait entrer celui du chef calédonien.

Notre opuscule est-il un pamphlet politique [2] ? La haine de Tacite contre Domitien éclate dès l'exorde : il flétrit la tyrannie, qui a, trop longtemps, étouffé les Romains, et persécuté les meilleurs ; il dénonce la proscription des philosophes, l'espionnage et la délation ; si l'*Agricola* est le portrait d'un héros, un autre portrait, celui du despote cruel, poltron et vaniteux se compose en même temps, peu à peu : Domitien a régné par la terreur ; il a jalousé les vrais mérites, prétendu sans raison à la gloire militaire, traité le vainqueur avec petitesse, et peut-être indigne bassesse. D'autre part, Tacite ne cache pas que la réaction contre la tyrannie de Domitien ne doit pas tomber dans certains excès, dans le fanatisme vengeur, qui s'attaque à tous ceux qui ont accepté ou conservé, sous le tyran, des fonctions officielles ; il réprouve la vaine ostentation des justiciers excessifs et des moralistes immodérés ; moins de raideur dans la vertu, et plus de discernement dans les représailles. La vertu par excellence est la modération : mesure, prudence, modestie, résignation sont les qualités maîtresses d'Agricola, et, sans doute, d'un groupe d'honnêtes gens, décidés à servir sans forfanterie, de modérés qui résistent, sans fanfaronnade, aux excés de toutes les réactions [3].

1. Cf. II, XXXIX-XLIII.
2. Opinion de G. Boissier (*Rev. des Deux Mondes*, 15 janv. 1870 ; *L'opposition sous les Césars*, Paris, 1875, pp. 303 sqq. ; *Tacite*, Paris, 1903, pp. 161-164).
3. Cf. XLII, 6.

Oui, mais l'*Agricola* n'est pas essentiellement un pamphlet : le portrait de Domitien, la critique du despotisme et l'apologie de la modération n'occupent qu'un petit nombre de chapitres, au commencement et à la fin ; faire de cet opuscule un pamphlet politique, c'est mettre l'accessoire à la place de l'essentiel, qui reste le panégyrique du héros.

Serait-ce un essai historique [1] ? A la fin de l'exorde, Tacite annonce le dessein d'écrire, plus tard, des ouvrages où seront consignés le souvenir de l'esclavage passé et le témoignage du bonheur actuel [2]. En attendant, il donne le livre que voici : *hic interim liber*.... Parce que Tacite a réalisé la première partie de son programme (*memoriam prioris seruitutis*) dans les *Histoires*, et annoncé, au début de ces *Histoires*, la deuxième (*testimonium praesentium bonorum*), qu'il n'a pas eu le temps de composer, on a déduit de là que, projetant de se consacrer à l'histoire mais se jugeant encore trop inexpérimenté pour aborder en ce genre une œuvre de longue haleine, Tacite s'était contenté, « en attendant », d'écrire l'*Agricola*, dont la composition lui permettait de se faire la main. Il s'essayait au genre historique, comme Salluste avait composé le *Catilina* et le *Jugurtha*, pour se préparer à sa grande *Histoire* ; cependant, il aurait été amené, chemin faisant, à encadrer dans un sujet restreint des développements qui excèdent les limites étroites du genre historique et font penser à d'autres genres. En un mot, l'opuscule, qui était, dans sa conception première, un essai historique sur la conquête définitive de la Bretagne au temps des Flaviens, serait devenu plus complexe : les critiques ont pu le nommer biographie, oraison funèbre, pamphlet, mais l'élément historique resterait « primordial », et « générateur » [3].

Cette thèse a pris, sous la plume d'Andresen [4], sa forme extrêmiste et hyperconjecturale : la partie centrale de

1. Opinion de J. Martha, *art. cit.*
2. III, 3.
3. F. Doudinot de la Boissière, *Tacite, Œuvres choisies*, Paris, 1923, p. 79.
4. G. Andresen, *Die Entstehung und Tendenz des Taciteischen Agricola*, Berlin, 1874.

l'opuscule n'était pas destinée à entrer dans une biographie d'Agricola, mais empruntée à un récit de la conquête de la Bretagne, écrit après le rappel d'Agricola, comme première ébauche d'un travail sur le règne de Domitien, que Tacite annonce au chapitre III de son exorde ; après la mort d'Agricola, ce fragment aurait été détaché de l'ensemble, encadré d'un prélude biographique et d'une péroraison élogieuse, pour former cette *Vie d'Agricola.* Cette hypothèse est fondée sur la seule déclaration de Tacite : *non tamen pigebit uel incondita ac rudi uoce memoriam prioris seruitutis ac testimonium praesentium bonorum composuisse* ; *hic interim liber, honori Agricolae soceri mei destinatus, professione pietatis aut laudatus erit aut excusatus* ; on force le rapport, purement temporel, marqué par *interim*, lorsqu'on affirme : en attendant l'œuvre historique, annoncée pour l'avenir, Tacite donne aux lecteurs un essai du même genre, un essai historique. Aussi bien, sans parler du ton oratoire qui règne dans presque tout l'opuscule, et même dans les parties essentiellement narratives ou descriptives, historiques ou géographiques, les préoccupations du panégyriste se laissent apercevoir entre les lignes ; nous y reviendrons.

Puisque Tacite, dès le début de son exorde, fait allusion à la *laudatio* et à l'histoire de ce genre, pourquoi ne pas admettre sa déclaration ? Suivons-le sur ce terrain.

Une *laudatio* composée pour une lecture publique.

Pour A. Gudeman [1], la composition de l'*Agricola* est conforme aux règles de la *laudatio*, énoncées par les rhéteurs. Hermogène de Tarse, Aphthonios d'Antioche, Théon d'Alexandrie, Ménandre de Laodicée, aux IIe et IIIe siècles de notre ère, ont tiré les préceptes du genre ἐγκώμιον d'Isocrate dans son *Euagoras*, et de Xénophon, dans son *Agésilas*. Un éloge doit comprendre six parties : 1° exorde (προοίμιον) ; 2° origine, nature et éducation du personnage (γένεσις, φύσις, ἀνατροφή) ; 3° mœurs, habitudes de vie (ἐπιτηδεύματα) ; 4° actes ou exploits (πράξεις) ; 5° parallèle

1. A. Gudeman, *P. Cornelii Taciti de uita et moribus Cn. Iulii Agricolae*, Berlin, 1902, Introd.

(σύγκρισις) ; 6° conclusion (ἐπίλογος). Toutes ces parties, A. Gudeman les retrouve dans l'*Agricola*.

Plus récemment, M. J. Cousin [1] a critiqué la méthode, qui consiste à prendre comme base, pour l'étude d'un opuscule composé vers le début du règne de Trajan, des traités de rhétorique écrits beaucoup plus tard, et dont certains sont relatifs à l'éloge royal (βασιλικός λόγος) ; n'est-il pas plus raisonnable de s'adresser à des rhéteurs, aînés ou contemporains de Tacite, et en particulier à Quintilien ? Très judicieuse critique. M. J. Cousin a donc confronté l'*Agricola* avec les règles de la *laudatio*, données dans l'*Institution oratoire* [2]. Un éloge doit commencer par des considérations sur le temps qui a précédé la naissance du personnage ; or Tacite donne des indications sur la patrie et sur la famille d'Agricola [3]. D'après Quintilien, le développement sur les *maiores* peut être traité de deux manières, car le personnage s'est montré digne d'eux, ou bien il a illustré par son œuvre personnelle une humble origine ; or Tacite montre que la mère d'Agricola l'empêcha de s'attacher à la philosophie avec trop d'ardeur, et d'oublier, loin de l'action, son origine sénatoriale [4]. La deuxième partie de la *laudatio* doit être consacrée aux qualités de l'esprit, suivant l'ordre chronologique : dons naturels, puis études, enfin actes et paroles ; or cet ordre a été respecté par Tacite, qui a suivi son héros de l'enfance aux charges officielles [5], montré son ascension dans la hiérarchie des honneurs [6], narré les sept campagnes en Bretagne [7]. Les qualités physiques, enseigne Quintilien, ne doivent pas être oubliées ; or Tacite donne des précisions sur la taille d'Agricola bien proportionnée, sur son regard qui n'avait rien de terrible, sur sa physionomie qui était empreinte de douceur ; à vrai dire, ce portrait physique ne vient pas à sa place, mais seulement à la fin, dans

1. J. Cousin, *Histoire et rhétorique dans l'Agricola*, dans *Rev. Et. lat.*, 1936, pp. 326 sqq.
2. Quintil., *I. O.*, 3, 7.
3. IV, 1-3.
4. IV, 4-5.
5. IV.
6. V-VII.
7. XVIII sqq.

un résumé biographique [1]. Insister sur ce que le personnage a fait le premier, ou presque seul, dit encore Quintilien ; c'est l'objet principal de Tacite : Agricola est l'homme de la Bretagne ; la description de l'île et l'histoire des expéditions qui ont précédé les campagnes d'Agricola tendent à mettre en lumière la supériorité de celui-ci ; en tout, opérations guerrières et administration, par la stratégie et par la politique, Agricola l'emporta sur ses devanciers. Enfin, une *laudatio*, pour Quintilien, doit se terminer par des développements sur le temps qui suit la mort du personnage ; or Tacite insiste sur les circonstances qui ont entouré la disparition d'Agricola et suivi sa mort ; il montre quel exemple il laisse derrière lui [2].

A. Gudeman considérait que Tacite avait, par anticipation, appliqué les préceptes d'Hermogène, d'Aphthonios, de Théon, de Ménandre ; M. J. Cousin trouve le plan de l'*Agricola* dans le canevas de Quintilien. Ils ont raison l'un et l'autre, parce que rien ne ressemble plus à un panégyrique qu'un autre panégyrique ; si les héros diffèrent, les mêmes parties se retrouvent nécessairement : considérations sur la naissance, les origines, la famille, l'enfance et les études ; et comment ne pas respecter plus ou moins l'ordre chronologique dans un genre où la biographie occupe la première place ? comment ne pas faire le portrait physique et moral du personnage ? comment ne pas exalter l'importance et l'originalité de son œuvre ? comment ne pas dégager, en manière de péroraison, les leçons de sa vie ? Les règles de Quintilien sont assez banales, et se trouvent appliquées par tous les panégyristes, même s'ils parlent à notre époque, et n'ont jamais étudié la rhétorique. Or ce qui retient l'attention dans la *laudatio* de Tacite, ce sont les infractions aux règles d'un genre traditionnel, et le mélange des genres, l'étendue de la description géographique, la présence du discours de Calgacus, et le retour des traits satiriques. Autrement dit, les préceptes de l'*Institution oratoire* rendraient compte de ce qu'il y a de plus banal dans la composition de l'*Agri-*

1. XLIV.
2. XLV-XLVI.

cola ; ce qui en fait l'originalité n'est pas explicable par une doctrine littéraire.

Mieux que les règles de Quintilien, quelques déclarations de Pline le Jeune nous renseignent sur l'évolution du genre *laudatio* à cette époque. C'est un des genres cultivés par la littérature de société, et traités dans les lectures publiques. Pline rédigea quelques pages en souvenir de Vestricius Cottius, et en fit une lecture publique avant de les publier [1]. Le délateur Régulus écrivit une biographie de son fils ; après l'avoir lue en public, il la fit copier à mille exemplaires, répandre dans l'Italie et dans les provinces ; il désirait qu'elle fût lue en public, dans les villes, par celui des décurions qui aurait la voix la plus agréable [2]. Titinius Capito avait préparé pour les lectures publiques une relation de la mort des hommes illustres, dont plusieurs avaient été les amis de Pline ; celui-ci aimait, dit-il, à écouter ces sortes d'éloges funèbres, retardés mais d'autant plus vrais : *quasi funebribus laudationibus seris quidem, sed tanto magis ueris interesse* [3]. Pline fait entendre que le genre de la *laudatio funebris*, composée pour un *auditorium* de lecture publique, s'était modifié, que le panégyrique s'enrichissait d'études variées. Cette évolution ne permet-elle pas de comprendre la nature composite de l'opuscule ? Avant d'être publié, n'aurait-il pas été lu en public [4] ? Aucun témoignage ne nous autorise à l'affirmer, mais les goûts des amateurs de *recitationes* ont été manifestement flattés par Tacite ; ils expliquent toutes les particularités d'un ensemble qui a toujours intrigué les critiques, et dont les éléments ne sont pas fondus dans un moule habituel.

Le mélange des genres. La description géographique de la Bretagne surprendrait dans une oraison funèbre, dans une monographie historique, ou dans un pamphlet ; elle était, dans une lecture

1. Plin., *Ep.*, 3, 10, 2-3.
2. Plin., *Ep.*, 4, 7, 2.
3. Plin., *Ep.*, 8, 12.
4. Suggestion de E. Courbaud, *Les procédés d'art de Tacite dans les Histoires*, Paris, 1918, p. 10 ; et de P. Couissin, *Tacite et César*, dans *Rev. Philol.*, 1932, pp. 97-117, passim.

publique, un élément de variété. Tacite prétend : « ce que mes devanciers, encore mal informés, ont paré d'embellissements littéraires, je l'enseignerai en m'appuyant sur les faits » [1] ; il ne se propose donc pas seulement de montrer par cet exposé l'importance de la conquête achevée par Agricola, mais il veut faire œuvre scientifique ; s'il s'agissait de faire valoir la conquête, il se contenterait d'indiquer la superficie des îles Britanniques, la richesse de leurs productions, le chiffre de leur population, et l'ardeur guerrière de leurs tribus, souvent attaquées, jamais soumises avant l'arrivée d'Agricola ; or Tacite apporte dans son exposé du neuf et du solide, toute une documentation destinée à un auditoire lettré, curieux de science exacte et de géographie exotique, comme on l'était à cette époque. Tacite procède comme un conférencier qui entraîne son public dans une digression pittoresque et savante, dans un voyage au bout du monde. Depuis l'exploration fabuleuse de Pythéas jusqu'aux incursions de César et de Claude, la Bretagne était la terre ultime, située aux confins du monde connu, enveloppée de mystère et de brumes, ceinturée d'une mer grisâtre et capricieuse, qui intriguait et apeurait les méditerranéens par la force de ses marées et par son immensité septentrionale [2]. Grâce aux campagnes d'Agricola et à la circumnavigation de la Calédonie par sa flotte, le mystère commence à se dissiper ; Tacite apporte aux notices de ses devanciers, entre autres à celle de César, rectifications et additions [3]. Par exemple, il précise quelle est la forme de l'ensemble britannique, quelle est l'impérieuse souveraineté de la mer partout présente comme chez elle, quelle est la variété des types ethniques et leurs rapports avec ceux du continent, quelles sont les productions de la terre et des mines, quelle est la nature des perles pêchées sur les rivages.

On a justement noté que la mode des lectures publiques avait, comme l'enseignement des *grammatici* et des *rhe-*

1. X, 1.

2. Cf. Catul., 11, 11 : *horribiles ultimosque Britannos* ; Verg., *Buc.*, 1, 66 : *penitus toto diuisos orbe Britannos.*

3. Cf. P. Couissin, *art. cit.*, qui montre que Tacite, sans nommer César, a pris un malin plaisir à le critiquer et à le contredire plusieurs fois, comme géographe et comme général.

tores, sapé à l'époque de Trajan l'idéal cicéronien de la discrimination des genres littéraires [1] ; alors se développe le goût du morceau traité pour lui-même, en un brillant excursus. Telle est, dans l'*Agricola*, la description géographique de la Bretagne ; elle n'est pas inutile à l'idéalisation du héros ; mais elle est surtout, par son étendue, dans une *recitatio*, un élément de variété.

Même remarque en ce qui concerne les discours de Calgacus et d'Agricola, insérés dans le récit [2], sans compter les plaintes, en discours indirect, des Bretons, avant la révolte de Boudicca [3]. Il faut sans cesse réveiller l'attention d'un auditoire, éviter la monotonie en introduisant de la variété.

De même, la satire politique pouvait trouver place dans une *laudatio* destinée à être lue en public. Les critiques amères, les formules vengeresses, les traits acérés plaisent aux grands auditoires, qui épient les allusions malignes, voire même cruelles, et ne trouvent jamais l'orateur trop âpre dans ses résumés cinglants. Souvent, dans l'*Agricola*, non content d'exhaler le pessimisme que lui inspire le spectacle de la vie contemporaine, de la tyrannie ou de la réaction contre la tyrannie, Tacite s'élève à des remarques de psychologie humaine et de morale éternelle, qui dépassent la personnalité et la carrière d'Agricola ; elles s'expriment en brillantes *sententiae*, où le héros de la *recitatio* se substitue au héros de la *laudatio* : « le travers commun aux petits et aux grands États, la méconnaissance du bien et le dénigrement ;.... les mérites ne sont jamais si bien appréciés qu'aux époques où ils naissent le plus facilement ;.... la faiblesse de la nature humaine fait que les remèdes agissent moins vite que les maux ;.... il est plus facile d'étouffer les talents et les belles-lettres que de les ranimer ; car l'inaction elle-même a une douceur insinuante, et l'apathie, odieuse d'abord, finit par se faire aimer ;..... il garda de la philosophie, ce qui est très difficile, le sens de la mesure ;...., etc. »

1. R. Pichon, *Histoire de la Littérature latine*, Paris, 1908, p. 449 ; A-M. Guillemin, *Pline et la vie littéraire de son temps*, Paris, 1929, p. 82.
2. XXX-XXXIV.
3. XV.

Rhétorique et sententiae. L'abondance des formules à effet dans un opuscule où le ton oratoire domine, le mélange de la rhétorique et des *sententiae*, voilà ce qui, dans l'*Agricola*, fait surtout penser aux lectures publiques et aux goûts imposés par les auditoires lettrés.

Quelques parties appartiennent au genre purement historique, mais le plus souvent l'historien fait place au panégyriste. Les procédés oratoires sont le plus fréquents dans l'exorde, dans les discours de Calgacus et d'Agricola, dans la péroraison qui est une apostrophe au défunt ; mais ils apparaissent un peu partout, car l'intention élogieuse est partout présente. « Il y aurait de la duperie à chercher dans l'*Agricola* une exacte vérité historique »[1]; les défauts du personnage sont atténués, les qualités exagérées, les choses insignifiantes rehaussées par une louange ingénieuse ; le goût trop vif pour les spéculations philosophiques devient excès de noblesse [2] ; la soumission du fonctionnaire, résigné, sous Néron et Domitien, devient sagesse et modération [3] ; ailleurs on devine que le chef fut parfois rude et bourru [4], le conquérant sanguinaire et implacable [5]. Mis en défiance par les exagérations de Tacite, R. Pichon a tracé un portrait spirituel de ce grand homme qui ne fut, sans doute, qu'un honnête homme, de ce héros qui ne fut peut-être qu'un grand fonctionnaire, qu'un bon travailleur en sous-ordre, diligent et intègre [6]. Et que penser des sept campagnes glorieuses et décisives d'Agricola en Bretagne ? La grande victoire du mont Graupius est suivie d'une retraite ; Tacite est obligé de l'avouer [7]. Pour construire l'histoire de ces sept cam-

1. R. Pichon, *Vie d'Agricola*, Paris, 1918, p. 8.
2. IV, 5-7
3. VI, 4-5 ; XLII.
4. XXII, 5.
5. XVIII, 4 : *caesa prope universa gente* ; XX, 2 : *nihil interim apud hostis quietum pati, quo minus subitis excursibus popularetur, atque, ubi satis terruerat, parcendo rursus inuitamenta pacis ostentare* ; XXII, 2 : *qua formidine territi hostes* ; XXIX, 2 : *quae pluribus locis praedata magnum et incertum terrorem faceret.*
6. R. Pichon, *op. cit.*, pp. 8-11.
7. XXXVIII, 6 : Agricola quitta la Calédonie pour revenir sur la ligne de l'isthme Forth-Clyde, et peut-être plus au sud. Dans

pagnes, nous ne disposons que de l'*Agricola* ; la critique est ici presque impossible. Si les campagnes d'Agricola avaient été si glorieuses, Dion Cassius ne lui aurait-il consacré que ce passage plutôt sec et même insignifiant :

« Sur ces entrefaites, il y eut une seconde guerre en Bretagne, où Cn. Julius Agricola fit des incursions dans tous les territoires ennemis, et le premier, que nous sachions, des Romains, reconnut que la Bretagne est entourée de tous côtés par la mer. Des soldats révoltés, après avoir tué des centurions et un tribun, se réfugièrent dans des vaisseaux, puis, ayant levé l'ancre, longèrent d'abord la partie occidentale du pays, portés au gré des flots et des vents ; puis, de l'autre côté, ils abordèrent, sans le savoir, au camp établi en cet endroit. Agricola ayant, à la suite de cet accident, envoyé d'autres soldats essayer de faire le tour par mer, apprit d'eux que ce pays est une île. Voilà ce qui se passa en Bretagne ; Titus, à la suite de ce succès, fut appelé *imperator* pour la quinzième fois ; Agricola passa le reste de sa vie dans le discrédit et dans la pauvreté, en récompense de ce qu'il avait accompli des exploits trop grands pour un général ; Domitien finit même, à cause de cela, par lui ôter la vie, bien qu'il lui eût accordé les ornements du triomphe [1] ».

Ce chapitre de Dion Cassius ne cite même pas la grande victoire du mont Graupius ; les sept années de campagne tiennent en deux lignes ; et l'essentiel, aux yeux de l'historien grec, est la circumnavigation de la Bretagne par la flotte romaine, qui n'est, dans l'*Agricola*, qu'un petit épisode narré en quelques paragraphes [2].

Avant d'étudier le gouvernement d'Agricola, Tacite résume l'œuvre de ses prédécesseurs ; cet exposé peut être rapproché de ce que Tacite lui-même en a dit dans

les *Histoires* (1, 2), Tacite dira lui-même : *perdomita Britannia et statim omissa* ; cf. Furneaux-Anderson-Haverfield, *Cornelii Taciti de Vita Agricolae*, Oxford, 1939, *Introd.*, pp. 70 sqq. ; Pryce-Birley, *The fate of Agricola's northern conquests*, dans *Journ. of Rom. Stud.*, 1938, II. Voir notes du ch. XXXVIII.

1. Dio Cass., 66, 20.
2. *Agr.*, XXVIII, 1-3 ; XXXVIII, 5.

les *Annales* [1] ; il n'est pas faux, et chaque allusion peut être contrôlée ; mais le procédé, dans l'*Agricola*, est subtil : Tacite atténue les mérites d'Aulus Plautius, d'Ostorius Scapula, de Didius Gallus, de Véranius, de Suétonius Paulinus, de Pétronius Turpilianus, de Trébellius Maximus, de Vettius Bolanus, de Pétilius Cérialis, de Julius Frontinus, pour rehausser l'éclat de son personnage, et le camper, dès l'abord, en première place ; l'œuvre de ces devanciers apparaît comme un ensemble assez terne ; vienne Agricola ! Tout de suite il s'impose, il agit, il est victorieux, illustre et grand, comme général et comme administrateur [2]. Le panégyriste ne déforme pas les faits, il se contente de les arranger ; il ne ment pas, il exagère.

Aussi, les caractères oratoires du style reflètent les préoccupations du panégyriste ; style abondant, dont la *copia* rappelle l'éloquence cicéronienne ; style régulier, qui tire son équilibre de fréquents parallélismes ; style périodique, dont le mouvement est souvent classique.

a) Exemples d'expressions redoublées, parfois redondantes ou pléonastiques : *uicit ac supergressa est*, I, 1 ; *comitio ac foro*, II, 1 ; *fiduciam ac robur*, III, 1 ; *incensum ac flagrantem*, IV, 5 ; *sublime et erectum*, IV, 6 ; *pulchritudinem ac speciem*, IV, 6 ; *magnae excelsaeque*, IV, 6 ; *quiete et otio*, VI, 4 ; *iugis ac montibus*, X, 7 ; *factionibus et studiis*, XII, 2 ; *uiua ac spirantia*, XII, 12 ; *ignauis et imbellibus* XV, 3 ; *indecorus atque humilis*, XVI, 6 ; *subiit sustinuitque*, XVII, 4 ; *praesidiis castellisque*, XX, 3 ; *manus et arma*, XXV, 3 ; *proelium atque arma*, XXX, 2 ; *integri et indomiti*, XXXI, 7 ; *dissensionibus ac discordiis*, XXXII, 1 ; *non fama nec rumore*, XXXIII, 4 ; *castris et armis* XXXIII, 4 ; *terrarum ac naturae*, XXXIII, 8 ; *fictum ac compositum*, XL, 2 ; *celebritate et frequentia*, XL, 4 ; *uulgus et populus*, XLIII, 1 ; *interualla ac spiramenta*, XLIV, 6 ; *formam ac figuram*, XLVI, 3.

Parfois ces groupements binaires marient un abstrait à un concret : *sinu indulgentiaque*, IV, 3 ; *legationibus et*

1. On trouvera les éléments de cette comparaison dans les notes des chap. XIII-XVII.
2. XVIII-XIX.

foederibus, XXIX, 3 ; *diem consensumque*, XXX, 1 ; *honore iudicioque*, XLIII, 6.

b) Exemples de parallélismes :

anaphores : *aeque.... aeque....*, XV, 2 ; *nihil .... nihil...*, XV, 2 ; *iam.... iam...*, XV, 6 ; *qui .... qui .... qui...*, XVIII, 5 ; *ipse .... ipse...*, XX, 2 ; *simul .... simul...*, XXV, 1 ; *non .... non...*, XXX, 6 ; *cotidie .... cotidie*, XXXI, 3 ; *nullae .... nulli .... nulla...*, XXXII, 3 ; *noctu .... noctu...*, XL, 4 ; *absens .... absens...*, XLI, 1 ; *nostrae ... nos ... nos*, XLV, 2 ;

chiasmes : *dissimulatione famae famam auxit*, XVIII, 7 ; *uno remigrante, suspectis duobus*, XXVIII, 2 ; *uitae claritate, opportunitate mortis*, XLV, 4.

symétries soulignées par des allitérations ou des assonances : *ex magna .... ex mala*, V, 4 ; *uirtute in obsequendo, uerecundia in praedicando*, VIII, 4 ; *extra inuidiam nec extra gloriam*, VIII, 4 ; *aut facilitas auctoritatem aut seueritas amorem*, IX, 5 ; *procul ab aemulatione .... procul a contentione*, IX, 6 ; *et uincere inglorium et atteri sordidum*, IX, 6 ; *in deposcendis .... in detrectandis*, XI, 4 ; *uirtute pariter ac libertate*, XI, 5 ; *poena ... paenitentia*, XIX, 3 ; *offendere quam odisse*, XXII, 6 ; *modo siluarum ac montium profunda, modo tempestatum ac fluctuum aduersa*, XXV, 1 ; *auari ... ambitiosi*, XXX, 6 ; *ut secundae res tenent, ita aduersae dissoluent*, XXXII, 1 ; *male parentis et iniuste imperantis*, XXXII, 8 ; *uota uirtusque .... uictoribus .... uictis*, XXXIII, 5 ; *uestra decora recensete, uestros oculos interrogate*, XXXIV, 1 ; *aut moras belli aut causas rebellandi*, XXXIV, 5 ; *mucrones ac manus*, XXXVI, 1 ; *fronte laetus, pectore anxius*, XXXIX, 1 ; *amore et fide ... malignitate et liuore*, XLI, 5 ; *simul suis uirtutibus, simul uitiis aliorum*, XLI, 6 ; *famam fatumque*, XLII, 5 ; *claritate ... opportunitate*, XLV, 4 ; *facta dictaque .... formam ac figuram .... marmore aut aere .... imbecilla ac mortalia*, XLVI, 3 ; *inglorios et ignobilis oblivio obruit*, XLVI, 4 ; *narratus et traditus*, XLVI, 4.

c) Exemples de périodes cicéroniennes :

clarorum ...... inuidiam, I, 1 ; *sed ...... ducebatur*, I, 2 ; *quanquam ..... mala*, III, 1 ; *ut corpora .... reuocaueris*, III, 1 ; *memoria ..... coercuisset*, IV, 5 ; *quod nisi .... con-*

suleret, XVI, 2 ; *et quibus .... statuit*, XVIII, 3 ; *ita ...... placuisset*, XVIII, 6 ; *diuortia .... fieret*, XIX, 5 ; *haec ..... timebatur*, XX, 1 ; *quibus .... transierit*, XX, 3 ; *iamque .... signa*, XXVI, 2 ; *at Britanni .... sancirent*, XXVII, 4 ; *igitur ..... insederat*, XXIX. 2 ; *priores ..... habebamus*, XXX, 3 ; *ac sicut .... reseruemur*, XXXI, 4 ; *tot ...... paenituit*, XXXIII, 3 ; *quo modo ....metuentium*, XXXIV, 3 ; *tum ..... constitit*, XXXV, 5 ; *ac primo .... adducerent*, XXXVI, 1 ; *igitur ut .... relinquebantur*, XXXVI, 2 ; *et quanquam .... incursabant*, XXXVI, 5 ; *et Britanni ... disiecisset*, XXXVII, 1 ; *quibus .... deducit*, XXXVIII, 4 ; *talibus .... languesceret*, XXXIX, 4 ; *ac ne ..... inmixtus est*, XL, 4 ; *ceterum ..... interpretarentur*, XL, 5 ; *quibus ... exstimulabant*, XLI, 5 ; *sciant ..... inclaruerunt*, XLII, 6 ; *nam sicuti .... exhausit*, XLIV, 6 ; *sed mihi .... contigit*, XLV, 6 ; *Si quis .... fas est*, XLVI, 1 ; *id .... possis*, XLVI, 3.

Ces exemples sont empruntés surtout aux parties proprement oratoires (exorde, harangues de Calgacus et d'Agricola, péroraison) ; néanmoins il s'en trouve dans les narrations historiques, où la période harmonieuse, qui rappelle la manière de Tite-Live, est aussi fréquente que la phrase brève, qui annonce les *Histoires* et les *Annales*. On pourrait distinguer dans les parties proprement historiques les récits d'opérations militaires, plus grandiloquents et les résumés écrits dans un style plus coupé, comme l'exposé de l'œuvre accomplie par les prédécesseurs d'Agricola. Cependant, même dans les passages qui annoncent le plus un style moderne, asymétrique et haché, on ne sent pas encore un parti-pris d'émiettement, de dislocation et de variété anti-cicéronienne [1], comme

1. De même, dans les périodes qui ne sont pas de structure parfaitement cicéronienne, on notera que la symétrie l'emporte sur l'asymétrie ; ex. XXV, 1, *quae ab Agricola..... compararentur*, où il y a parallélisme entre ce qui a rapport aux forces terrestres et ce qui concerne la flotte : a) *simul terra — simul mari*, symétrie ; b) *pedes equesque — et nauticus miles*, deux groupes asymétriques ; c) *sua facta — suos casus*, symétrie ; d) *modo siluarum ac montium profunda — modo tempestatum ac fluctuum aduersa*, symétrie + assonances ; e) *hinc terra et hostis — hinc uictus Oceanus*, symétrie + asymétrie.

dans les *Histoires* et les *Annales*. On relève quelques exemples d'ellipse, d'asyndète, de zeugma et d'anacoluthe, mais ces procédés ne sont pas constamment et systématiquement utilisés ; le zeugma, si fréquent dans les *Annales*, est rare, et, pour la plupart des ellipses, le terme ou le groupe à suppléer s'offre de lui-même à l'esprit du lecteur. Les érudits, qui ont étudié la langue et le style de l'*Agricola*, voient dans cet opuscule une œuvre de transition [1], où s'établit un équilibre entre les qualités qui sont de la première manière : abondance, régularité, ampleur cicéroniennes du *Dialogue*, et celles de la dernière manière : concision, variété, nervosité des *Histoires* et des *Annales*. C'est là, peut-être, une vue systématique, influencée par le désir de conclure à une harmonieuse évolution ; il y a moins loin, en réalité, de l'*Agricola* au *Dialogue*, parce que celui-ci est moins cicéronien qu'on ne le dit, et celui-là plus cicéronien. L'évolution de Tacite vient surtout de ce que les genres traités sont différents : le *Dialogue* met en scène des orateurs, et c'est une suite de conférences littéraires ; l'*Agricola* est une *laudatio* faite pour être entendue avant d'être lue ; les *Histoires* et les *Annales* sont des œuvres historiques.

En tout cas, ce qui fait l'originalité du ton dans l'*Agricola*, c'est le mélange de la rhétorique et des formules ; les *sententiae* abondent ; on les cueille là où elles seraient le moins attendues : elles émaillent la description géographique et le résumé de la conquête avant le gouvernement d'Agricola :

X, 7 : « la mer pénètre jusqu'au milieu des hauteurs et des montagnes comme chez elle » ;

XI, 4 : (à propos des Bretons et des Gaulois) « même audace à réclamer les périls, et, les périls venus, même hâte craintive à s'y soustraire » ..... « les Gaulois perdirent la vaillance en même temps que la liberté » ;

XII, 3 : « rien ne sert mieux nos intérêts contre les peuples les plus puissants que leur manque de collaboration » ;

XII, 12 : « pour moi, je croirais que la qualité manque aux perles, plutôt qu'à nous l'avidité ; »

1. Cf. R. Pichon, *op. cit.*, pp. 63-64.

XIII, 2 : « on peut juger qu'il (César) montra cette conquête à ses successeurs, il ne la leur remit pas » ;

XIII, 5 : « des peuples furent domptés, des rois capturés et les destins désignèrent Vespasien » ;

XIV, 2 : « le peuple romain a les rois eux-mêmes pour instruments de servitude » ; etc., etc.

On pourrait classer toutes ces *sententiae* en formules antithétiques, hyperboles ronflantes, personnifications hardies, paradoxes concis, épigrammes satiriques, traits sarcastiques, échappées pittoresques, etc. Il est plus intéressant de signaler le retour fréquent et presque régulier de ces formules ; l'auditoire des *recitationes* était friand et même trop friand de ce régal.

En dernière analyse, si la beauté majestueuse du style oratoire et la nerveuse originalité des formules s'allient dans l'*Agricola*, il en résulte une harmonie de ton, plus réelle peut-être, d'un bout à l'autre de l'opuscule, que l'unité du sujet et du dessein laudatif. Les genres s'y juxtaposent ; et les critiques y ont vu un panégyrique, une biographie, une monographie, un pamphlet, ou à la fois tout cela. Ces divers éléments se fondent grâce à l'harmonieux équilibre du style, majestueusement oratoire et musclé de formules nerveuses.

II

HISTOIRE DU TEXTE

Pendant longtemps, pour établir le texte de l'*Agricola*, on ne possédait que deux manuscrits du Vatican, le 3429 et le 4498. La découverte du manuscrit de Tolède, en 1897, modifia déjà les idées de la critique ; enfin celle du manuscrit d'Iesi, en 1902, fut de grande importance, car ce texte est, sans contredit, la première et meilleure source.

Les manuscrits du Vatican (A et B). Le *Vaticanus* 3429 est un in-folio sur papier, d'écriture minuscule, datant de la seconde moitié du quinzième siècle ; Julius Pomponius Laetus (J. Pomponio Laeto, 1425-1497) fit cette copie pour son usage personnel, comme l'indique une note écrite sur ce manuscrit par un érudit plus récent, Ursinus (Fulvio Orsini, 1529-1600) [1], pour la joindre à son édition des œuvres de Tacite, édition princeps de Vendelin de Spire (Venise, 1470), dans laquelle manquait l'*Agricola*. C'est un manuscrit écrit avec soin, entre 1464 et 1471, d'après Urlichs [2] qui en fit, après Wex, une recension minutieuse ; entre 1470 (date de l'édition princeps) et 1497 (mort de Laetus), d'après d'autres. Il porte des notes marginales et interlinéaires, qui sont aussi de la main de Laetus. Wex l'a désigné par la lettre Γ, mais depuis la recension d'Urlichs, on le nomme communément *A*.

Le *Vaticanus* 4498, appelé Δ par Wex, et *B* depuis Urlichs, est un parchemin datant aussi de la seconde moitié du quinzième siècle ; il contient, entre autres opuscules [3], l'*Agricola* ; ce texte, comparé au précédent, est

1. « Cornelio Tacito della Vita d'Agricola, scritto di mano di Pomponio Laeto, ligato dietro al Tacito stampato. Ful. Urs. »

2. L. Urlichs, *Cornelii Taciti de uita et moribus Agricolae liber*, Wurtzbourg, 1875. Plus récemment, G. Andresen a collationné les deux *Vaticani A* et *B* ; cf. *Woch. f. Kl. Phil.*, 1900, pp. 1299 sqq.

3. Voici le contenu de ce ms. : 1) Frontinus *de aquaeductibus* ; 2) Rufus *de prouinciis* ; 3) Suetonii *de grammaticis prohemium* ; 4) Cai Plinii Secundi *de uiris illustribus* (apocryphe) ; 5) Cai Cor-

entaché d'omissions, d'erreurs et de négligences, bien que le scribe ait fait preuve dans l'exécution matérielle d'une application soutenue ; on y lit par exemple :

I, 4, *infaelicia* (*infesta, A*) ; II, 1 *forum* (*eorum, A*) ; II, 2, *uocem* omis ; II, 2, *occurrere* (*occurreret, A*) ; III, 1, *dissolubilis* (*dissociabilis, A*) ; IV, 1, *foriuliensium* (*foroiuliensium, A*) ; IV, 1, *Caesaris* (*Caesarum, A*) ; IV, 2, *Sullanum* (*Sillanum, A*) ; IV, 3, *honestatis* (*honestarum, A*) ; IV, 4, *tamen* (*eum, A*) ; IV, 5, *inuenta* (*in iuuenta, A*) ; V, 2, *iustitiam* (*inscitiam, A*) ; VI, 1, *appetendo* (*anteponendo, A*) ; VI, 2, *faelicitate* (*facilitate, A*) ; VI, 4, *quietis* (*quiete, A*) ; VI, 6 *cuiuis* (*cuius, A*) ; etc. etc.

Cependant il offre, rapproché de A, quelques leçons ou graphies meilleures :

VI, 4, *transiit* (*transit, A*) ; VIII, 2, *Cerialem* (*Caerialem, A*) ; XI, 3, *aestimanti* (*aestimati, A*) ; XVI, 7, *Bolanus* (*Volanus, A*) ; XVIII, 1, *uerterentur* (*uterentur, A*) ; XIX, 2, *primum* (*primam, A*).

La parenté des deux *Vaticani* est étroite ; on y retrouve un grand nombre d'erreurs communes, leçons inintelligentes et graphies fautives :

I, 3, *optimae* ; II, 1, *Petus* ; III, 3, *senectutis* ; IV, 4, *mistum* ; IX, 5, *diminuit* ; IX, 6, *contentionem* ; X, 7, *damnari* ; XIII, 5, *domitiae gentis* ; XIV, 1, *Plantius* ; XVI, 6, *indecoris* ; XVI, 7, *Vectius* ; XVII, 2, *Bregantum A* ; *Bregantium B* ; XVIII, 5, *dubiis* ; XIX, 1, *incuriae* ; XIX, 3, *liberos* ; XIX, 4, *inaequalitate* ; XIX, 4, *ludere* ; XX, 2, *multum* ; XXI, 3, *delinimenta A*, *deliniamenta B* ; XXII, 3, *desperationibus* ; XXII, 5, *conuiuiis* ; XXVII, 4, *se uictos*, omis ; XXVIII, 2, *inmixtis A*, *inmistis B* ; XXX, 6, *terram* ; XXXI, 2, *aggerat* ; XXXIV, 5, *imputare* ; XXXVII, 3, *ablatis* ; XXXVII, 8, *uersis* ; XLI, 3, *Misia* ; XLIII, 4, *constabant* ; XLV, 2, *charus mitius A*, *clarus mitius B*.

On peut donc considérer *A* et *B* comme dérivés d'un

nelii Taciti *de uita et moribus Iulii Agricolae prohemium* ; 6) Cornelii Taciti *dialogus de oratoribus* ; 7) C. Cornelii Taciti *de origine et situ Germanorum* ; 8) M. Iunii Nupsi *de mensuris* ; 9) *de ponderibus et mensuris* (anon.) ; 10) Seneca ἀποκολοκύντωσις ; 11) Censorini libellus *de die natali*.

ancêtre commun, peu antérieur à eux-mêmes. De là viennent aussi les notes marginales de *A*, qui sont absentes de *B*. S'appuyant sur ces notes, Wex a voulu montrer que Pomponius Laetus avait utilisé un second manuscrit, différent de la source d'où il a tiré sa copie ; mais cette thèse a reçu peu d'approbation ; certains détails du manuscrit de Tolède, découvert depuis, ont montré que les notes marginales dérivent d'un archétype commun aux deux *Vaticani* et au *Toletanus* [1].

Le manuscrit de Tolède (T). Le *codex Toletanus* (*T*), conservé à la bibliothèque capitulaire de Tolède, fut découvert et décrit par R. Wünsch [2] en 1896, collationné par O. Leuze [3] ; c'est un manuscrit sur papier de 223 pages contenant avec d'autres opuscules [4], la *Germanie* et l'*Agricola* de Tacite, le tout copié par Michel Angelo Grillo de Todi, entre le 5 décembre 1471 et le 1er juin 1474, d'après Leuze [5].

Il est donc plus âgé que *A* et *B* de quelques années seulement, et sa valeur a été différemment appréciée par les érudits ; certains ont prétendu qu'il ajoutait peu à la connaissance fondée sur *A* et *B* ; d'autres l'ont mis bien au-dessus. En réalité, il apportait bon nombre d'excellentes leçons, dont plusieurs avaient été conjecturées par les humanistes d'après *A* et *B*, et qui représentaient de manifestes améliorations :

1. Quant à la première édition de l'Agricola, celle de Puteolanus, on s'est demandé d'après quelle source elle avait été établie ; d'après *A*, pensait Wex ; d'après *A* et *B*, peut-être ; quelques leçons peuvent être des conjectures de Puteolanus ; il est impossible de dire si cet humaniste a eu connaissance d'autres mss.

2. R. Wünsch, *Hermes*, XXXII (1897), pp. 59 sqq.

3. O. Leuze, *Philologus*, 1899-1901, pp. 515 sqq.

4. Ce manuscrit de 223 pages contient : 1) *Germania* ; 2) *Agricola* ; 3) Antonii Campani *oratio de laudibus scientiarum* ; 4) Fragment d'un discours non identifié.

5. D'après la souscription du premier texte (*Germania*), qui dit : Kal. Iun. 1471 [mais F-F. Abbott lisait : 1474] et la souscription du troisième texte (Antonii Campani *oratio de laudibus scientiarum*) qui dit : Non. décembr. 1474, il faudrait dater de 1474 le *Toletanus*.

III, 3, *seruitutis* (*senectutis AB*) ; IX, 8, *eligit* (*elegit AB*) ; X, 4, *enorme* (*inorme AB*) ; XIII, 5, *domitae* (*domitiae AB*) ; XIV, 1, *Plautius* (*Plantius AB*) ; XV, 5, *felicibus* (*om. AB*) ; XVI, 1, *ingeniis* (*om. AB*) ; XVIII, 5, *subitis* (*dubiis AB*) ; XVIII, 5, *patrius* (*p̄rius* A, *prius B*) ; XIX, 3, *libertos* (*liberos AB*) ; XIX, 4, *aequalitate* (*inaequalitate AB*) ; XIX, 4, *luere* (*ludere AB*) ; XXV, 1, *timebantur* (*timebant AB*) ; XXV, 3, *et cedendum* (*et excedendum AB*) ; XXVI, 3, *nonanis* (*Romanis AB*) ; XXVII, 4 *se uictos* (*om. AB*) ; XXX, 3, *ulla* (*om. AB*) ; XXX, 5 *fluctus ac saxa* (*et saxa AB*) ; XXX, 5, *effugias* (*effugeris AB*) ; XXXI, 1, *effugerunt* (*effugiant AB*) ; XXXIII, 1, *fremitu cantuque* (*cantu fremituque AB*) ; XXXIII, 6 *euasisse siluas* (*siluas euasisse AB*).

Or les nouvelles leçons apportées par *T*, sauf une exception (XIII, 5, *domitae gentes*), devaient être, quelques années plus tard, retrouvées dans un texte plus âgé, découvert en 1902 : le *codex Aesinus*. Nous savons que ce manuscrit fut entre les mains de Stefano Guarnieri, chancelier de Pérouse de 1466 à 1488, tandis que le scribe du *Toletanus*, M. Angelus Crullus (Angelo Grillo) fut chancelier de Foligno, commune voisine de Pérouse, de 1472 à 1516. En outre, Stef. Guarnieri avait une fille religieuse au monastère de Santa Chiara, à Foligno. Il est donc vraisemblable que le scribe de *T* eut communication du *codex Aesinus*, archétype commun aux trois manuscrits *A*, *B*, et *T*. Quelques corrections ont été apportées par M. Angelus Crullus, mais elles sont très rares.

Le codex Aesinus (E). Trouvé en septembre 1902, dans la bibliothèque du comte Guglielmo Balleani, à Iesi (près d'Ancône), ce manuscrit est appelé *Aesinus*, du vieux nom *Aesis* (Iesi), et désigné par la lettre *E*, initiale de l'italien *Esino*. C'est un in-4°, long de 280 m/m et large de 225 m/m, mesuré intérieurement ; il est protégé par un carton revêtu de maroquin rouge, comme tous les manuscrits de la même bibliothèque. Les pages mesurent 273 m/m × 220 m/m, sur parchemin, au nombre de 76, non numérotées ; 51 sont consacrées au *Bellum Troianum* de Dictys de Crète, 14 à l'*Agricola*, et

10 à la *Germanie* ; reste une page en blanc, la dernière. L'écriture est distribuée sur deux colonnes de 203 m/m × 60 m/m, avec un espace intermédiaire de 17 m/m et des marges assez larges. Chaque page des feuillets anciens a 30 lignes, tandis que les pages des feuillets récents ont au moins 26 et au plus 33 lignes.

En effet, sur les quatorze feuillets occupés par l'*Agricola* (52-65), huit feuillets (56-63) datent du xe siècle, tandis que les six autres (52-55 et 64-65) ont été écrits de la main de Stefano Guarnieri, au xve siècle. Un examen attentif a permis de reconnaître dans les huit feuillets en minuscule caroline du xe siècle un des cahiers (*quaterniones*) du manuscrit de Hersfeld, rapporté d'Allemagne en Italie par Albert Enoch d'Ascoli. Envoyé en 1451 par le pape Nicolas V pour faire la chasse aux manuscrits dans l'Europe septentrionale, Enoch rapporta du monastère allemand de Hersfeld (en Hesse) un manuscrit ; mais quand il revint à Rome, en 1455, Nicolas V était mort, et son successeur Calixte III ne s'intéressait guère aux trouvailles philologiques ; le manuscrit de Hersfeld resta entre les mains d'Enoch, à Ascoli ; quelques années plus tard, Enoch (ou ses héritiers, car Enoch mourut en 1457) divisa le manuscrit de Hersfeld et en vendit les parties à divers Italiens ; c'est ainsi que les feuillets contenant l'*Agricola* passèrent entre les mains de Giacomo Guarnieri, ou de son fils Stefano, la famille Guarnieri étant établie depuis longtemps à Osimo, situé comme Ascoli dans la région d'Ancône. Stefano Guarnieri, avec son frère Francesco, fonda la bibliothèque de Iesi, qui passa en 1793, par mariage, à la famille Balleani ; c'est là que le *codex Aesinus* fut découvert, en septembre 1902, par Cesare Annibaldi. [1]

D'après la description sommaire que Pier Candido Decembrio avait consignée sur son journal [2], la *Vie*

1. C. Annibaldi, *L'Agricola e la Germania di Cornelio Tacito*, Città di Castello, 1907.

2. « Est alius liber eiusdem de Vita Iulii Agricolae soceri sui in quo continetur descriptio Britanie Insule nec non populorum mores et ritus..... Opus foliorum decem et quattuor in columnellis ». Cf. R. Sabbadini, *Rivista di filol. class.*, XXIX (1901), pp. 262 sqq. ;

d'Agricola occupait quatorze feuillets dans le manuscrit de Hersfeld ; mais C. Annibaldi a montré que les feuillets 56-63 constituent bien un cahier de ce manuscrit précieux, et que les autres feuillets (52-55 et 64-65) sont une copie de Stefano Guarnieri. Sous l'écriture des feuillets 69 et 76 consacrés dans le *codex Aesinus* à la *Germanie*, C. Annibaldi a reconnu le texte gratté du manuscrit de Hersfeld et reproduit par Stefano Guarnieri sur les feuillets 64 et 65 qui complètent, dans le *codex Aesinus*, le cahier du manuscrit de Hersfeld. L'*Agricola* du *codex Aesinus* nous a donc conservé tout ce qui reste aujourd'hui du manuscrit de Hersfeld (xe siècle) à savoir huit feuillets sur quatorze [1], et les six autres feuillets, bien qu'ils datent du xve siècle, sont la reproduction vraisemblablement exacte du texte donné par ce même manuscrit de Hersfeld.

La découverte de *E* n'a pas permis de résoudre toutes les énigmes qui subsistaient après la critique de *A*, *B*, et *T*. Il contient un certain nombre d'erreurs évidentes, et même quelques passages désespérés, montrant sans doute que le texte de l'*Agricola* était en mauvais état dès le xe siècle :

VI, 5, *certior* ; XIII, 5, *auctoritate operis* ; XVI, 2, *nequaquam* ; XXVIII, 2, *remigante* ; XXVIII, 3, *utilla raptis secum* ; XXXI, 7, *in libertatem non in paenitentiam laturi* ; XXXIV, 4, *extremo metu corpora* ; XXXVI, 5, *cum egra diu aut stante* ; XXXVIII, 7, *unde .... redierat* ;

Le Scoperte dei Codici latini e greci nei secoli XIV e XV, Florence, 1905, pp. 140 sqq.

1. C.-à-d. de *munia* (XIII, 1) à *ministeriis missum* (XL, 2). Cf. C. Annibaldi, *op. cit.*, p. 137 : « La scrittura delle prime quattro carte (52, 53, 54, 55) è condotta in modo così preciso ed esatto che la c. 55 b termina con la parola *munia*, erasa, perchè con la stessa comincia la c. 56 a (1a delle vecchie carte). Per quanto si possa immaginare un diligente conteggio di parole e di lettere da parte dell' amanuense, pure, tenuto conto della divisione e due colonne, è assai difficile distribuire nelle quattro carte la materia da scriuere così perfettamente da farla coincidere con la vecchia scrittura nel modo che abbiam ueduto. Potra soltanto cio ammettersi con un essemplare identico sott' occhio e col proposito nell' amanuense di transcriverlo con tutte le sue particolarita grafiche ed ortografiche. » Suit la liste de ces particularités d'écriture et de graphie.

XLIV, 6, *sicuti durare* ; XLV, 2, *Maurici Rusticique uisus* ; XLVI, 2, *temporalibus et.*

Cette liste est courte ; nous en avons retranché quelques leçons qui ont paru inférieures à certains éditeurs, et dignes d'être écartées en faveur de conjectures ingénieuses suscitées par la critique de *A*, *B* et *T*, avant la découverte de *E* ; parmi les éditeurs récents, certains n'ont pas voulu renoncer à quelques-unes de ces trouvailles ; mais l'examen du contexte nous a conduit à garder les leçons de *E*, très acceptables :

V, 3, *intersepti* ; IX, 7, *in hoc ipsius sermonibus* ; X, 4, *in universum fama* ; X, 6, *proinde* ; XIII, 4, *uelox ingenio mobili paenitentiae* ; XV, 2, *alterius manus centuriones* ; XV, 5, *plus impetus felicibus* ; XVI, 1, *in barbaris ingeniis* ; XV, 2, *proprius* ; XVII, 4, *subiit sustinuitque* ; XXI, 1, *laudando promptos, castigando segnis* ; XXIV, 1, *naue prima transgressus* ; XXV, 3, *magno paratu* ; XXV, 3, *et cedendum* ; XXVI, 3, *et nonanis* ; XXX, 1, *coistis* ; XXX, 6, *terrae, mare* ; XXXIII, 1, *fremitu cantuque* ; XXXIII, 5, *montesue* ; XXXIII, 6, *euasisse siluas* ; XXXIX, 3, *principem* ; XLI, 3, *cum tot cohortibus* ; XLI, 4, *uigorem, constantiam* ; XLII, 4, *salarium tamen proconsulare* ; XLII, 6, *per abrupta sed in nullum* ; XLV, 2 *etiam tum reus erat* ; XLVI, 1, *nosque domum tuam.*

D'autre part, *E* nous donne le titre véritable de notre opuscule : *De uita Iulii Agricolae liber*. Après *uita*, les autres mss. ajoutent : *et moribus* ; ces mots se lisent aussi sur *E*, à la fin du texte de l'*Agricola* ; Stefano Guarnieri a terminé sa transcription (feuillet 65[v], col. 2) par la formule :

CORNELII | TACITI DE | VITA ET MO |

suivie sur le feuillet 66[r], col. 1, où commence la *Germanie*, par :

RIBVS | IVLII | AGRICOLAE | LIBER EXP | LICIT.

Mais sur le feuillet palimpseste 76[v], C. Annibaldi a pu lire l'écriture grattée, qui donne la souscription véritable du manuscrit de Hersfeld, sur deux lignes :

CORNELII TA | CITI DE VITA | IVLII
AGRI | COLAE LIBER | EXPLICIT.

Conclusion. En résumé, *E* mérite d'être suivi d'aussi près que possible ; il est, sans aucun doute, l'archétype des mss. *T*, *A*, *B*, qui datent du xve siècle. Sur lui, *T* fut probablement copié ; quant à *A* et *B*, s'ils n'ont pas été directement copiés sur lui, ils l'ont été sur un intermédiaire, et sont tous deux issus de lui. Le scribe de *T*, Angelus Crullus, a fait quelques modifications de son cru ; mais *E* reste la source première de notre connaissance : la constitution du texte de l'*Agricola* doit reposer sur *E*, et incidemment sur *T* ; il ne faut utiliser *A* et *B* que dans les cas, très rares, où *E* et *T* sont insuffisants.

STEMMA

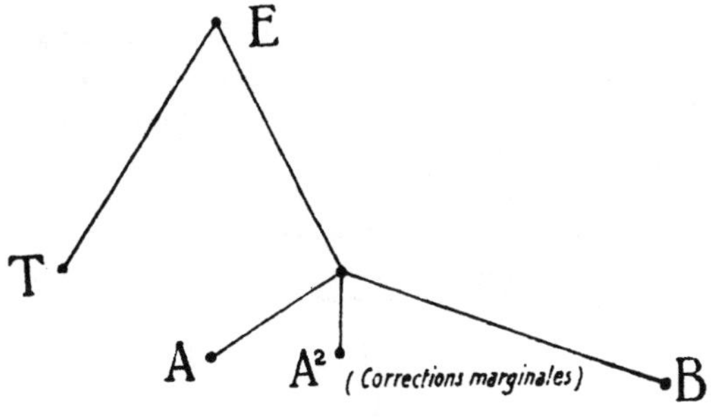

III

BIBLIOGRAPHIE

A. *Éditions.*

a) Éditions antérieures à la découverte du *codex Aesinus* ;

Puteolanus (Milan, 1476 ? ; Venise, 1497) ; Puteolanus-Rivius (Venise, 1512) ; Rhenanus (Bâle, 1533) ; Juste-Lipse (Anvers-Leyde, 1574-1600) ;

Wex (Brunswick, 1852) ; Ritter (Bonn, 1852) ; Haase (Leipzig, 1855) ; Hofman-Peerlkamp (Leyde, 1864) ; Ritter (Leipzig, 1864) ; Kritz (Berlin, 1874) ; Urlichs (Wurtzbourg, 1875) ; Halm (Leipzig, 1875) ; Gantrelle (Paris, 1875) ; Nipperdey (Berlin, 1876) ; Peter (Iéna, 1876) ; Tücking (Paderborn, 1878) ; Draeger (Leipzig, 1879) ; Prammer (Vienne, 1880) ; Andresen (Berlin, 1880) ; Schoene (Berlin, 1889) ; Hopkins (New-York, 1893) ; Stephenson (Cambridge, 1894) ; Pichon (Paris, 1895) ; Furneaux (Oxford, 1898).

b) Éditions postérieures à la découverte du *codex Aesinus* :

Gudeman (Berlin, 1902) ; Draeger-Heraeus (Leipzig-Berlin, 1905) ; Müller (Leipzig-Vienne, 1906) ; Annibaldi (Citta di Castello, 1907) ; Fossataro (Naples, 1911) ; Allen-Hendrickson (Boston, 1913) ; Halm-Andresen (Leipzig, 1914) ; Duane Reed Stuart (New-York, 1919) ; Camozzi (Florence, 1921) ; Goelzer-Rabaud (Paris, 1922) ; Furneaux-Anderson-Haverfield (Oxford, 1922) ; Gudeman (Boston, 1928) ; Beauchot (Paris, 1928) ; Davanzati-Bindi (Milan, 1931) ; Geerebaert (Liège, 1931-33) ; Dobelli (Milan, 1933) ; Gammelli (Florence, 1933) ; Willem (Liège, 1933) ; Halm-Andresen-Koestermann (Leipzig, 1936).

B. *Traductions.*

Traductions françaises : Burnouf (Paris, 1833-1858) ; Goelzer (Paris, 1922) ; Burnouf-Cordier (Paris, 1934) ;

anglaise : Hutton (Londres, 1914) ;

italienne : Ageno (Florence, 1921).

C. *Établissement et histoire du texte.*

Outre les préfaces des éditions citées plus haut :

K. Schenkl, *Zeitschrift für die osterreichischen Gymn.*, XII (1861), pp. 421-437 ;

L. Urlichs, *Cornelii Taciti de uita et moribus Agricolae liber, ad codices Vaticanos recens.*, Wurtzbourg, 1875 ;

R. Wünsch, *Hermes*, XXXII (1897), p. 59 ; *Class. Rev.*, 1898, p. 368 ; 1899, p. 274 ;

O. Leuze, *Philologus*, 1899-1901, pp. 515-556 ;

G. Andresen, *Zur handschriftlichen Ueberlieferung des Agricola*, dans *Woch. f. Kl. Philol.*, 1900, p. 1299 ;

F-F. Abbott, *Chicago Univ. Decenn. Public.*, VI (1904), p. 217 ;

C. Annibaldi, *L'Agricola e la Germania di Cornelio Tacito nel Ms. latino* 8 *della biblioteca del Conte G. Balleani in Iesi*, dans *Atti del congresso internaz. di science storiche*, II, Roma, 1905, pp. 227-232 ; *L'Agricola e la Germania*, Citta di Castello, 1907 ;

A. Schoene, *Zu Tacitus Agricola*, dans *Jahrb. f. kl. Philol.*, 1912, pp. 272-278 ;

E. Peterson, *Amer. Journ. of Philol.*, XXXIV (1913), pp. 1-14 ;

A. Gudeman, *Ibid.*, pp. 243-246 ;

R. Sabbadini, *Storia e critica di testi latini*, Catane, 1914, pp. 2-7 ;

C.-W. Mendell, *Discovery of the minor works of Tacitus*, dans *Amer. Journ. of Philol.*, 1935, pp. 113-130.

D. Composition et nature de l'œuvre.

E. Hübner, *Hermes*, I (1864), pp. 438 sqq. ;

E. Hoffmann, *Zeitschrift für die Osterreichischen Gymn.*, XXI (1870), pp. 249 sqq. ;

G. Boissier, *Rev. des Deux Mondes*, 15 janv. 1870 ; *L'opposition sous les Césars*, Paris, 1875, pp. 303 sqq. ; *Tacite*, Paris, 1903, pp. 161-164 ;

J. Gantrelle, *Rev. de l'Instr. publ. en Belgique*, 1er mai 1870 ; *Contrib. à la critique et à l'explic. de Tacite*, I, Paris, 1875 ;

C. Hirzel, *Ueber die Tendenz des Agricola*, Tübingen, 1871 ;

J. Iaeger, *Quae fides Tacito in Agricola habenda sit exponitur, deque consilio quo liber ille conscriptus esse uideatur agitur*, Gœttingue, 1874 ;

G. Andresen, *Die Entstehung und Tendenz des Taciteischen Agricola*, Berlin, 1874 ;

J. Delbœuf, *Tacite et l'Agricola*, dans *Rev. Instr. publ. en Belgique*, 1879, pp. 309-329 ;

Ph. Pauer, *De rerum ab Agricola in Britannia gestarum narratione Tacitea*, Goettingue, 1881 ;

J. Martha, *Tacite*, dans *Rev. Cours et Confér.*, 1895, II, pp. 210-216, 272-279 ;

F. Leo, *Griech.-rom. Biographie*, Leipzig, 1901, p. 224 ;

G.-L. Hendrickson, *The proconsulate of Iulius Agricola in relation to history and to encomium*, dans *Decenn. Public. Univ. Chicago*, 1902 ;

F. Doudinot de la Boissière, *Tacite, Œuvres choisies*, Paris, 1923, pp. 66-79 ;

R.-C.-W. Zimmermann, *Die Einleitung von Tacitus Agricola*, dans *Bay. Blaett. f. d. Gymnas.*, 1933, pp. 83-92 ;

J. Cousin, *Histoire et rhétorique dans l'Agricola*, dans *Rev. Ét. lat.*, 1936, pp. 326 sqq. ;

K. Prinz, *Zum Prooemium des Taciteischen Agricola*, dans *Wiener Studien, Zeitschrift für Klass. Philol.*, Vienne, 1937, pp. 142-148 ;

R.-G. Austin, *The epilogue to the Agricola*, dans *Class. Rev.*, sept. 1939.

E. de Saint Denis, *Qu'est-ce que l'Agricola de Tacite ?* dans *Les Études classiques*, 1941, I, pp. 14-30.

E. Histoire de la Grande-Bretagne et biographie d'Agricola.

L. Urlichs, *De vita et honoribus Agricolae*, Wurtzbourg, 1868 ;

S. Gsell, *Essai sur le règne de l'empereur Domitien*, Paris, 1893, pp. 165-175 ;

G.-L. Hendrickson, *op. cit.*, 1902 ;

F. Sagot, *La Bretagne romaine*, Paris, 1911, pp. 60-75 ;

L. Le Roux, *L'armée romaine de Bretagne*, Paris, 1911, pp. 19-25 ;

F. Haverfield, *Roman Scotland*, dans *Edinburgh Review*, 1911, pp. 468-490 ; *Notes on the Agricola*, dans *Class. Rev.*, 1914, pp. 43-45 ;

A. Gaheis, art. *Iulius*, dans *Pauly-Wiss.*, *Real Encyc.*, 1919, n° 49 (Cn. Iulius Agricola) ;

G. Macdonald, *The Agricolan occupation of North Britain*, dans *Journ. of Rom. Stud.*, 1919, pp. 111-138 ;

R.-K-Mc Elderry, *The date of Agricola's governorship of Britain*, dans *Journ. of Rom. Stud.*, 1921, pp. 68-78 ;

D. Atkinson, *The governors of Britain from Claudius to Diocletian*, dans *Journ. of Rom. Stud.*, 1922, pp. 60 sqq. ;

H. Furneaux, J.-G.-C. Anderson, F. Haverfield, *op. cit.*, Oxford, 1922, Introd., IV (*Agricola*) ; VI (*The conquest of Britain*) ; Append. I (*The chronology of Agricola's career*) ;

R.-G. Collingwood, *Roman Britain*, Londres, 1923, pp. 24-25 ;

M. Cary, *La Grande-Bretagne romaine*, dans *Rev. Historique*, 1928, pp. 6-7 ;

S. Miller, *The Roman fort at old Kilpatrick*, Glasgow, 1928 ;

H.-C. Nutting, *The battle at Mons Graupius*, dans *Class. Weekly*, 1929-30, pp. 65 sqq. ;

L. Homo, *Le Haut-Empire*, dans *Hist. romaine, Coll. Glotz*, Paris, 1933, pp. 363-365 ; 376 ; 389-393 (bibliogr. des sources littéraires et épigraphiques, p. 389 note) ;

T.-D. Pryce, E. Birley, *The fate of Agricola's northern conquests*, dans *Journ. of Rom. Stud.*, 1938, II.

F. Description géographique de la Grande-Bretagne.

H. Furneaux, J.-G.-C. Anderson, F. Haverfield *op. cit.*, Introd., V (*Tacitus's account of Britain*) ; Append. II (*minerals in early Roman Britain*) ;

W. Capelle, *Zu Tacitus Archäologien*, dans *Philologus*, 1928, pp. 463-493 ;

P. Couissin, *Tacite et César*, dans *Rev. Philol.*, 1932, pp. 97-117.

G. Grammaire et style.

A. Draeger, *Ueber syntax und Stil des Tacitus*, Leipzig [3], 1882 ;

J. Gantrelle, *Grammaire et style de Tacite*, Paris, 1874 et 1882 ;

L. Constans, *Étude sur la langue de Tacite*, Paris, 1891.

R. Pichon, *op. cit.*, pp. 29-64 ;

Furneaux, Anderson, Haverfield, *op. cit.*, Introd., VIII (*Language and style*) ;

P. Perrochat, *Tacite imitateur de Salluste dans l'Agricola*, dans *Rev. Ét. lat.*, 1935, pp. 261-265.

Note de l'auteur. — Édition et traduction qui suivent devraient porter, avec mon nom, celui de M. René Durand ; je lui dois beaucoup. A ceux qui le connaissent je n'ai pas besoin d'en dire davantage pour faire entendre quel profit et quel plaisir j'ai retirés de cette collaboration.

E. D. S. D.

SOMMAIRE

Exorde :

PREMIÈRE PARTIE : LA VIE D'AGRICOLA JUSQU'A SON GOUVERNEMENT DE BRETAGNE (40-77) :

DEUXIÈME PARTIE
LE GOUVERNEMENT DE BRETAGNE (77-84) :

A. Description de la Bretagne :

B. La conquête de la Bretagne avant Agricola :

C. Gouvernement d'Agricola :

TROISIÈME PARTIE : LA VIE D'AGRICOLA APRÈS SON RAPPEL DE BRETAGNE (84-93) :

ÉPILOGUE

SIGLA

Codices :

E = Aesinus (Latin. 8) : folia 56-63, saec. X ; 52-55, 64-65, saec. XV.

T = Toletanus (49,2) : saec. XV.

A = Vaticanus 3429 : saec. XV exeuntis.

A^2 = Vaticani 3429 correctiones.

B = Vaticanus 4498 : saec. XV exeuntis.

B^2 = Vaticani 4498 correctiones.

edd. : editorum consensus.

Versus in codice Æsino finem simplici et directa linea significamus.

TACITE

VIE D'AGRICOLA

Exorde : difficulté d'écrire aujourd'hui une biographie.

I. Transmettre à la postérité les actions et le portrait des hommes illustres est un usage ancien ; même à notre époque, malgré son indifférence pour ce qui la touche, notre génération n'y a pas renoncé, chaque fois qu'un mérite considérable et digne de notoriété a vaincu et surmonté le travers commun aux petits et aux grands États : la méconnaissance du bien et le dénigrement [1]. Mais chez nos devanciers, de même qu'on était porté aux actions mémorables et qu'un champ plus libre leur était ouvert, on voyait aussi les plus célèbres génies incités à commémorer le mérite, sans partialité ni vue intéressée, pour le seul plaisir de bien faire. Et même beaucoup ont pensé que narrer leur propre vie était confiance en soi plutôt qu'outrecuidance ; Rutilius [2] et Scaurus [3] le firent sans être suspectés ni critiqués ; tant il est vrai que les mérites ne sont jamais si bien appréciés qu'aux époques où ils naissent le plus facilement. Mais aujourd'hui, au moment de narrer la vie d'un homme disparu, j'ai besoin d'une indulgence que je n'aurais pas demandée pour faire œuvre d'accusateur : tant l'époque est cruelle et hostile aux mérites * !

La tyrannie, sous Domitien, a opprimé les esprits.

II. Nous avons lu * qu'Arulénus Rusticus, pour avoir fait le panégyrique de Paetus Thraséa *, et Hérennius Sénécion, pour avoir fait celui d'Helvidius Priscus *, le payèrent de leur tête ; leurs personnes, que dis-je ? leurs

1. Voir *Introd. : Dessein de Tacite et nature de l'œuvre.*

2. P. Rutilius Rufus écrivit une autobiographie ; cf. Cic., *de Orat.*, 1, 227 sqq. ; Vell., 2, 13, 2 ; Tac., *Ann.*, 4, 43, 7.

3. M. Aemilius Scaurus composa trois livres *de uita sua.*

* Les astérisques renvoient aux *Notes complémentaires*, p. 40 ss.

CORNELII TACITI

DE VITA IVLII AGRICOLAE

LIBER

I. [1] Clarorvm uirorum facta moresque posteris tradere, antiquitus usitatum, ne nostris quidem temporibus quamquam incuriosa suorum aetas omisit, quotiens magna aliqua ac nobilis uirtus uicit ac supergressa est uitium paruis magnisque ciuitatibus commune, ignorantiam recti et inuidiam. [2] Sed apud priores ut agere digna memoratu pronum magisque in aperto erat, ita celeberrimus quisque| ingenio ad prodendam uirtutis memoriam sine gratia aut ambitione bonae tantum conscientiae pretio ducebatur. [3] Ac plerique suam ipsi uitam narrare fiduciam potius morum quam adrogantiam arbitrati sunt, nec id Rutilio et Scauro citra fidem aut obtrectationi fuit : adeo uirtutes isdem temporibus optime aestimantur, quibus facillime gignuntur. [4] At nunc narraturo mihi uitam defuncti hominis uenia opus fuit, quam non petissem incusaturus : tam saeua et infesta uirtutibus tempora.

52r col. 1

52r col. 2

II. [1] Legimus, cum Aruleno Rustico Paetus Thrasea, Herennio Senecioni Priscus Heluidius laudati essent, capitale fuisse, neque in ipsos modo auctores,

Titvlvs. Cornelii *E* : cai Cornelii *A* || uita Iulii *E* : uita et moribus *TAB* [*cf. praef. p.* 29].

I, 3 optime *E Puteolanus* : –mae *AB* || 4 fuit *ETAB* : fuerit *Roth* || incusaturus : tam saeua *Wex* : *sine distinctione codd.* || tam saeua..... *exegimus* [*cf. infr.* II, 1] *Gantrelle* || infesta *EA* : infaelicia *B*.

II, 1 fuisse *ETAB* : fuit *Gantrelle qui pro* legimus *coni.* exegimus [*cf. supr.* I, 4] *et capitulum a uerbo* cum *incipit* || Paetus *Rhenanus* : pe –*AB* || Senecioni *Rhenanus* : senet– *codd.*

livres furent poursuivis, puisque les triumvirs [1] reçurent mission de brûler sur la place des comices, au forum *, les ouvrages des plus brillants génies. Apparemment on * croyait étouffer par le feu la voix du peuple romain, le franc parler du sénat et la conscience du genre humain ! on bannissait en outre les maîtres de philosophie, et l'on exilait toute culture, pour que rien de noble ne se rencontrât plus nulle part. Nous avons certes donné une grande preuve de patience, et, si les anciens ont vu le comble de la liberté, nous avons vu le comble de la servitude, alors que l'espionnage interdisait jusqu'aux échanges de propos. Nous aurions même perdu la mémoire avec la parole, s'il était en notre pouvoir d'oublier comme de nous taire.

La renaissance, sous Nerva et Trajan, encourage Tacite dans son pieux dessein.

III. Aujourd'hui seulement on revit. Mais bien que l'empereur Nerva *, dès l'aurore d'une ère bienheureuse, ait combiné des régimes jadis incompatibles, le principat et la liberté, que chaque jour Trajan * accroisse le bonheur de l'époque, et que la sécurité publique ne soit pas seulement une espérance et un vœu, mais repose sur une ferme confiance en la réalisation de ce vœu, néanmoins la faiblesse de la nature humaine fait que les remèdes agissent moins vite que les maux ; et si nos corps sont lents à se développer, prompts à dépérir, de même il est plus facile d'étouffer les talents et les belles-lettres que de les ranimer ; car l'inaction elle-même a une douceur insinuante, et l'apathie, odieuse d'abord, finit par se faire aimer. Qu'est-ce donc, si, durant quinze années *, portion considérable d'une vie mortelle, beaucoup d'hommes ont péri par les accidents du hasard, les plus actifs par la cruauté du prince, et si nous sommes peu qui survivions, pour ainsi dire, à nous-mêmes comme aux autres, puisque du milieu de notre vie ont été rayées tant d'années, pendant lesquelles nous sommes parvenus en silence, les jeunes gens à la vieillesse, les vieillards presque au terme de l'existence.

1. Les *triumuiri capitales*, chargés d'exécuter les sentences capitales.

sed in libros quoque eorum saeuitum, delegato triumuiris ministerio ut monumenta clarissimorum ingeniorum in comitio ac foro urerentur. [2] Scilicet illo igne uocem populi Romani et libertatem senatus et conscientiam generis humani aboleri arbitrabantur, expulsis insuper sapientiae professoribus| atque 52v col. 1
omni bona arte in exilium acta, ne quid usquam honestum occurreret. [3] Dedimus profecto grande patientiae documentum ; et sicut uetus aetas uidit quid ultimum in libertate esset, ita nos quid in seruitute, adempto per inquisitiones etiam loquendi audiendique commercio. [4] Memoriam quoque ipsam cum uoce perdidissemus, si tam in nostra potestate esset obliuisci quam tacere

III. [1] Nunc demum redit animus ; sed quamquam primo statim beatissimi saeculi ortu Nerua Caesar res olim dissociabilis miscuerit, principatum ac libertatem, augeatque cotidie felicitatem temporum Nerua Traianus, nec spem modo ac uotum securitas publica, sed ipsius uoti fiduciam ac robur adsumpserit, natura tamen infirmitatis humanae tardiora sunt remedia quam mala ; et ut corpora nostra lente augescunt, cito extinguuntur, sic ingenia studiaque oppresseris facilius quam reuocaueris ; subit quippe etiam ipsius inertiae dulcedo|, et inuisa primo desidia postremo 52v col. 2
amatur. [2] Quid si per quindecim annos, grande mortalis aeui spatium, multi fortuitis casibus, promptissimus quisque saeuitia principis interciderunt, pauci et, ut *sic* dixerim, non modo aliorum sed etiam nostri superstites sumus, exemptis e media uita tot

eorum *EA* : forum *B* || monumenta *EA* : moni –*B* || 2 uocem *om. B* || occurreret *ETA* : –rere *B* || 3 grande *om. B* || etiam *EA* : et *B*.

III, 1 redit *ETAB* : rediit *Spengel* || sed *Bipontini Halm* : et *ETAB* || dissociabilis *A* : –tiabilis *ET* –lubilis *B* || securitas publica *ETAB* : securitatis res publica *Mützell* || 2 multi *Juste Lipse* : –tis *ETAB* || ut sic *Woelfflin* : uti *ETAB* ut ita *Rhenanus*.

Cependant je ne regretterai pas d'avoir consigné, même dans une langue sans art et sans expérience, le souvenir de l'esclavage passé, et le témoignage du bonheur actuel [1]. En attendant, ce livre, destiné à honorer Agricola mon beau-père, trouvera, dans la piété filiale dont je fais déclaration, ou recommandation ou excuse.

Naissance et éducation d'Agricola.

IV. Cn. Julius Agricola était originaire de l'ancienne et brillante colonie de Fréjus [2]. Ses deux grands-pères furent procurateurs impériaux, ce qui confère la noblesse équestre. Son père, Julius Graecinus, de l'ordre sénatorial, connu pour son goût de l'éloquence et de la philosophie, dut précisément à ces mérites d'encourir la colère de C. César [3] ; en effet il reçut l'ordre d'accuser M. Silanus, et, pour avoir refusé, il fut mis à mort [4]. Sa mère, Julia Procilla, fut d'une rare vertu. Élevé dans ses bras avec tendresse, il passa son enfance et son adolescence à cultiver tous les arts libéraux. Il était préservé des séductions du vice par son naturel foncièrement bon et pur, mais aussi par le fait qu'il eut, dès son premier âge, pour résidence et pour institutrice, Marseille, endroit qui allie, dans une heureuse harmonie, la politesse grecque et la simplicité provinciale [5]. Il avait coutume, je m'en souviens, de raconter qu'en sa première jeunesse il se serait passionné pour la philosophie avec plus d'ardeur qu'il n'est permis à un Romain et à un sénateur, si la sagesse de sa mère n'avait réfréné son esprit tout feu, tout flamme. Sans doute, l'élan et l'élévation de ses aspirations recherchaient avec plus d'enthousiasme que de prudence

1. Voir *Introd. : Dessein de Tacite et nature de l'œuvre.*

2. Colonie fondée par César (*Forum Iulii*) ; une des principales villes de la Gaule Narbonnaise. La date de naissance d'Agricola sera donnée au ch. XLIV (13 juin 40).

3. Caligula.

4. Julius Graecinus, orateur, philosophe, et auteur d'un traité sur la viticulture (d'où probablement le cognomen d'*Agricola* ; M. Junius Silanus, père de la première femme de Caligula. Pour le premier, cf. Sen., *Benef.*, 2, 21, 5 ; *Ep.*, 29, 6 ; Colum., 1, 1, 14 ; pour le second, cf. Suet., *Calig.*, 23 ; Dio Cass., 59, 8, 4.

5. Cicéron (*Flacc.*, 26, 63) a loué sa *disciplina* et sa *grauitas* ; Strabon (4, 1, 5), l'éclat de ce centre intellectuel.

annis, quibus iuuenes ad senectutem, senes prope ad ipsos exactae aetatis terminos per silentium uenimus ? [3] Non tamen pigebit uel incondita ac rudi uoce memoriam prioris seruitutis ac testimonium praesentium bonorum composuisse. Hic interim liber, honori Agricolae soceri mei destinatus, professione pietatis aut laudatus erit aut excusatus.

IV. [1] Cn. Iulius Agricola, uetere et inlustri Foroiuliensium colonia ortus, utrumque auum procuratorem Caesarum habuit, quae equestris nobilitas est. [2] Pater *illi* Iulius Graecinus senatorii ordinis, studio eloquentiae sapientiaeque notus, iisque ipsis uirtutibus iram Gai Caesaris meritus| : namque M. Si*l*anum 53r col. 1
accusare iussus et, quia abnuerat, interfectus est. [3] Mater Iulia Procilla fuit, rarae castitatis. In huius sinu indulgentiaque educatus per omnem honestarum artium cultum pueritiam adulescentiamque transegit. [4] Arcebat eum ab inlecebris peccantium praeter ipsius bonam integramque naturam, quod statim paruulus sedem ac magistram studiorum Massiliam habuit, locum Graeca comitate et prouinciali parsimonia mixtum ac bene compositum. [5] Memoria teneo solitum ipsum narrare se prima in iuuenta studium philosophiae acrius, ultra quam concessum Romano ac senatori, hausisse, ni prudentia matris incensum ac flagrantem animum coercuisset. [6] Scilicet sublime et erectum ingenium pulchritudinem ac speciem

3 seruitutis *ET Orsini Juste Lipse* : senectutis *AB.*

IV, 1 Cn. Iulius [*cf. Dessau 8704 a Dio Cass. 66,20*] : CNeus Tulius *ET* GNeus iulius *A* || Foroiuliensium *EA* : foriuli –*B* || Caesarum *EA* : –ris *B* || quae.... est *uncis includenda esse statuit Weichert sed cf. Andresen ad hunc locum* || 2 illi *Woelfflin* : Iuli *ETB* Iulii *A om. Juste Lipse* || Gai *E* : Cai *A* C. *B* || Silanum *edd.* : Sillanum *EA* Syllanu *T* Sullanum *B* || 3 honestarum *EA* : –tatis *B* || 4 eum *EA* : tamen *B* || mixtum *E* : mis –*AB* || 5 in iuuenta *EA* : inuenta *B* || acrius *EAB* : ac iuris *Pichena* || ultra *codd.* : ultraque *Juste Lipse Baehrens* || senatori *EAB* : –torio *Heraeus* ac senatori *secl. Gudeman.*

l'éclatante beauté d'une grande et haute gloire. Plus tard, l'apaisement vint avec la réflexion et avec l'âge : il garda de la philosophie, ce qui est très difficile, le sens de la mesure.

Apprentissage militaire en Bretagne.

V. Pendant son apprentissage de la vie des camps en Bretagne, il gagna l'approbation de Suétonius Paulinus *, chef consciencieux et pondéré, qui l'admit dans son état-major afin de pouvoir l'apprécier. Agricola ne tomba pas dans les excès habituels des jeunes gens qui transforment la vie militaire en vie de débauche, ni dans la paresse qui abuse d'un titre de tribun sans expérience pour se payer du plaisir et des congés ; mais il étudiait la province, se faisait connaître de l'armée, s'instruisait près des hommes d'expérience, fréquentait l'élite, ne briguait rien par fanfaronnade, ne refusait rien par poltronnerie, et agissait à la fois avec circonspection et résolution.

Jamais à coup sûr la Bretagne ne fut plus agitée ni dans une situation plus équivoque : vétérans égorgés, colonies incendiées, armées investies * ; on combattit alors pour le salut, plus tard pour la victoire. Si tout était mené d'après les plans et le commandement d'un autre, si la conduite générale des opérations et la gloire d'avoir reconquis la province revint au chef, le jeune officier toutefois acquit plus de savoir, d'expérience et d'entrain ; son âme s'ouvrit au désir de la gloire militaire, mal vu d'une époque où l'on regardait de travers les hommes supérieurs et où n'était pas moins périlleuse une grande réputation qu'une mauvaise.

Mariage et premières magistratures.

VI. Revenu de Bretagne à Rome pour accéder aux magistratures, il s'unit à Domitia Décidiana, de brillante naissance * ; ce mariage le mit en lumière et en solide position pour de plus hautes visées ; ils vécurent dans une admirable concorde, ne cessant de se chérir, et chacun préférant l'autre à soi-même ; bien qu'à vrai dire *

magnae excelsaeque gloriae uehementius quam caute adpetebat. Mox mitigauit ratio et aetas, retinuitque, quod est difficilli|mum, ex sapientia modum. 53r col. 2

V. 1 Prima castrorum rudimenta in Britannia Suetonio Paulino, diligenti ac moderato duci, adprobauit, electus quem contubernio aestimaret. 2 Nec Agricola licenter, more iuuenum, qui militiam in lasciuiam uertunt, neque segniter ad uoluptates et commeatus titulum tribunatus et inscitiam rettulit ; sed noscere prouinciam, nosci exercitui, discere a peritis, sequi optimos, nihil adpetere in iactationem, nihil ob formidinem recusare simulque et anxius et intentus agere.

3 Non sane alias exercitatior magisque in ambiguo Britannia fuit : trucidati ueterani, incensae coloniae, intersepti exercitus ; tum de salute, mox de uictoria certauere. 4 Quae cuncta etsi consiliis ductuque alterius agebantur, ac summa rerum et reciperatae prouinciae gloria in ducem cessit, artem et usum et stimulos addidere iuueni, intrauitque animum militaris gloriae cupido, ingrata temporibus, quibus sinistra erga| eminentis interpretatio nec minus peri- 53v col. 1
culum ex magna fama quam ex mala.

VI. 1 Hinc ad capessendos magistratus in urbem degressus Domitiam Decidianam, splendidis natalibus ortam, sibi iunxit ; idque matrimonium ad maiora nitenti decus ac robur fuit ; uixeruntque mira concordia, per mutuam caritatem et in uicem se anteponendo, nisi quod in bona uxore tanto maior laus, quanto in mala plus culpae est. 2 Sors quaesturae

6 caute *EAB* : –tius *Nipperdey* || 7 retinuitque *EA* : que *om. B*.
V, 2 licenter *EAB* : licenter < egit > *Heraeus* || neque *EA* : nec *B* || inscitiam *EA* : iusti –*B* || 3 exercitatior *E* [*sequente* X *fortasse emendationis signo*] *AB* : excitatior *Buchner* erectior *Vielhaber sed cf. Cic. Somn. Scip. 9* exercitatus *animus* || intersepti *codd.* : –cepti *Puteolanus*.
VI, 1 degressus *ETA* : di– *A²B* || anteponendo *EA* : appet- *B*.

l'épouse, si elle est bonne, soit plus louable, d'autant plus louable que, mauvaise, elle est plus coupable. Questeur, il obtint du sort, comme province, l'Asie [1] ; comme proconsul, Salvius Titianus [2] ; aucune de ces deux circonstances ne le corrompit, bien que la province fût riche et se prêtât aux abus, bien que le proconsul, enclin à une cupidité sans bornes, eût volontiers acheté par une indulgence illimitée la réciprocité d'un silence complice. En Asie, il eut une fille, qui devait être un appui [3] ainsi qu'une consolation ; car il perdit bientôt un fils [4], son premier né, Ensuite il passa dans le repos et loin des affaires l'intervalle entre sa questure et son tribunat de la plèbe, et même l'année de son tribunat * ; il savait ce qu'était l'époque de Néron : l'inaction était sagesse. Pendant sa préture *, même conduite, même silence ; en effet aucune fonction judiciaire ne lui était échue ; il pourvut aux jeux * et aux vaines obligations de sa charge, en gardant le milieu entre l'économie et la profusion ; en s'éloignant du faste, il gagnait dans l'estime publique. Puis choisi par Galba * pour inventorier les richesses des temples, il fit si bien par la rigueur de son enquête, que les sacrilèges de Néron furent les seuls dont l'État ressentit l'effet.

Agricola perd sa mère ; il reçoit le commandement d'une légion en Bretagne.

VII. L'année suivante * meurtrit d'un rude coup son cœur et sa maison : la flotte d'Othon, au cours d'une croisière indisciplinée, ravageait Vintimille * (en Ligurie), comme elle eût fait en pays ennemi ; la mère d'Agricola fut tuée dans son domaine, le domaine pillé ainsi qu'une grande partie de son patrimoine, cause de sa mort. Agricola partit donc pour s'acquitter de ses obligations filiales ; il fut surpris en route par la nouvelle que Vespasien prétendait à l'empire, et il passa tout de

1. L'Asie mineure.

2. L. Salvius Otho Titianus, frère de l'empereur Othon, proconsul d'Asie en 63-64. La questure d'Agricola se place en 64.

3. En vertu de la loi Papia Poppaea, qui avançait d'une année par enfant vivant l'âge légal des magistratures.

4. Né à la fin de 62, ou en 63.

prouinciam Asiam, proconsulem Saluium Titianum
dedit, quorum neutro corruptus est, quamquam et
prouincia diues ac parata peccantibus, et procon-
sul in omnem auiditatem pronus quantalibet facili-
tate redempturus esset mutuam dissimulationem
mali. [3] Auctus est ibi filia, in subsidium simul ac
solacium ; nam filium ante sublatum breui amisit.
[4] Mox inter quaesturam ac tribunatum plebis atque
ipsum etiam tribunatus| annum quiete et otio transiit, 53v col. 2
gnarus sub Nerone temporum, quibus inertia pro
sapientia fuit. [5] Idem praeturae *ten*or et silentium ;
nec enim iurisdictio obuenerat ; ludos et inania honoris
medio rationis atque abundantiae duxit, uti longe a
luxuria ita famae propior. [6] Tum electus a Galba
ad dona templorum recognoscenda diligentissima
conquisitione fecit, ne cuius alterius sacrilegium res
publica quam Neronis sensisset.

VII. [1] Sequens annus graui uulnere animum domumque eius adflixit. [2] Nam classis Othoniana licenter uaga dum Int*imilium* (Liguriae pars est) hostiliter populatur, matrem Agricolae in praediis suis interfecit, praediaque ipsa et magnam patrimonii partem diripuit, quae causa caedis fuerat. [3] Igitur ad sollemnia pietatis profectus Agricola, nuntio adfectati a Vespasiano imperii deprehensus

2 proconsulem *ET* : procun- *A* procōs. *B* || ac *EA* : et *B* || facilitate *EA* : faelici- *B* || 3 auctus.... filia *E* [*in margine*] *AB* : nactus.... filiam *E* [*in textu*] *T* || ac *ET* : et *AB* || 4 inter quaesturam *EA*[2] : inter praeturam quaesturam *A* || quiete *EA* : –tis *B* || transiit *B* : –sit *ETA* || 5 tenor *Rhenanus* : certior *codd.* rectior *fortasse T* torpor *Krueger* otium *Ritter* terror *Urlichs* languor *Goethe alii alia* || medio rationis *EA* : medio luxuriae *B* modo rationis *Puteolanus* moderationis *Juste Lipse* medio moderationis *Gudeman* || propior *EA* : proprior *B* || 6 fecit *codd.* : eff– *Heinsius* || cuius *EA* : cuiuis *B*.

VII, 2 Intimilium *Mommsen* [*cf. C. I. L. V, 2, p. 900*] : in templo *E* [*cum signo emend. in margine*] *AB* in Temelium *Orsini* Intemelios *Juste Lipse* || matrem *AB* : nam matrem *E* [nam *in rasura*] *T* || 3 deprehensus *EA* : est *add. B*.

suite dans son parti [1]. Au début de ce principat, la situation à Rome était aux mains de Mucien [2], car Domitien n'était qu'un tout jeune homme [3], et ne tirait à lui de l'élévation paternelle que le droit d'en abuser. Envoyé par Mucien pour lever des troupes [4], et s'étant montré intègre et énergique, Agricola reçut le commandement de la vingtième légion [5], qui avait été lente à prêter serment [6], et où son prédécesseur * agissait, disait-on, en factieux ; le fait est que, même pour les légats consulaires, cette légion était insoumise et redoutable ; un légat prétorien n'était pas capable de la tenir : situation imputable à son caractère ou à celui des soldats ? on ne sait. Choisi dans ces circonstances pour lui succéder et pour les châtier, Agricola aima mieux, avec la plus rare modération, laisser croire qu'il avait trouvé les soldats dans le devoir, et n'avait pas dû les y faire rentrer.

VIII. La Bretagne était alors gouvernée par Vettius Bolanus *, avec plus de douceur qu'il ne convient à l'égard d'une province intraitable. Agricola modéra sa propre force et contint son ardeur, pour ne pas se pousser, habile à se soumettre et instruit à concilier l'intérêt avec le devoir. Bientôt après, la Bretagne reçut comme légat consulaire Pétilius Cérialis * : les mérites eurent du champ pour faire leurs preuves ; mais au début Cérialis les associait seulement aux travaux et aux périls ; plus tard, à sa gloire ; souvent, pour essayer Agricola, il lui fit commander une partie de l'armée, parfois, après réussite, des effectifs plus importants. Cependant Agricola ne se glorifia jamais personnellement de ses exploits ; au chef qui avait l'initiative il rapportait, en subordonné, le succès. Ainsi, par son dévouement dans l'obéissance, par sa modestie dans ses propos, il était sans envieux et n'était pas sans gloire.

1. Sur les débuts de ce règne et les lettres envoyées tout de suite en Gaule pour s'assurer des légions, voir Tac., *Hist.*, 2, 86, 7.

2. M. Licinius Crassus Mucianus gouverna Rome jusqu'à l'arrivée de Vespasien ; cf. Tac., *Hist.*, 4, 11.

3. Il avait 18 ans ; sur ses excès, cf. Tac., *Hist.*, 4, 2, 1 ; 39, 2.

4. En 70, et probablement en Italie.

5. La *Vicesima Valeria Victrix*, cantonnée à Deva (Chester).

6. Cf. Tac., *Hist.*, 3, 44.

ac statim in partis transgressus est. [4] Initia principatus ac statum urbis Mucianus regebat, iuue|ne 54r col. 1
admodum Domitiano et ex paterna fortuna tantum licentiam usurpante. [5] Is missum ad dilectus agendos Agricolam integreque ac strenue uersatum uicesimae legioni tarde ad sacramentum transgressae praeposuit, ubi decessor seditiose agere narrabatur ; quippe legatis quoque consularibus nimia ac formidolosa erat, nec legatus praetorius ad cohibendum potens, incertum suo an militum ingenio. [6] Ita successor simul et ultor electus rarissima moderatione maluit uideri inuenisse bonos quam fecisse.

VIII. [1] Praeerat tunc Britanniae Vettius Bolanus, placidius quam feroci prouincia dignum est ; temperauit Agricola uim suam ardoremque compescuit, ne incresceret, peritus obsequi eruditusque utilia honestis miscere. [2] Breui deinde Britannia consularem Petilium Cerialem acce|pit. Habuerunt uirtutes spa- 54r col. 2
tium exemplorum, sed primo Cerialis labores modo et discrimina, mox et gloriam communicabat ; saepe parti exercitus in experimentum, aliquando maioribus copiis ex euentu praefecit. [3] Nec Agricola umquam in suam famam gestis exsultauit ; ad auctorem ac ducem ut minister fortunam referebat. [4] Ita uirtute in obsequendo, uerecundia in praedicando extra inuidiam nec extra gloriam erat.

IX. [1] Reuertentem ab legatione legionis diuus Vespasianus inter patricios adsciuit ; ac deinde

transgressus est *EA* : est *om.* *B* || 5 dilectus *edd.* : de– *codd.* || transgressae praeposuit *EAB* : trangressae < in Britannia > praeposuit *Ritter* || ubi decessor *AB* : ubi cum decessor *E* [*sed* cum *exp.*] sub decessore *Madvig* quae *Urlichs* (decessor *infra transp.*) ; ubi..... narrabatur *suspectum habent Wex Nipperdey* || legatus praetorius *codd.* : decessor *substit.* *Urlichs.*

VIII, 1 Vettius *EB* : uectius *TA* || Bolanus *B* : Volanus *ETA* || obsequi *EAB* : –quii *Ritter* || 2 Cerialem *B* : cae– *ETA* || Cerialis *B* : cae– *ETA* || 4 obsequendo *codd.* : exse–*Voss Doederlein.*

Gouvernement d'Aquitaine ; consulat ; gouvernement de Bretagne.

IX. Au retour de ce commandement [1], le divin Vespasien l'admit au nombre des patriciens, et ensuite le préposa au gouvernement de l'Aquitaine : distinction brillante entre toutes par l'importance de la fonction [2] et par la perspective du consulat auquel il l'avait destiné. On croit souvent que les militaires manquent de finesse, sous prétexte que la justice des camps, qui est exempte de contrôle, simpliste et expéditive, ignore les subtilités des tribunaux. Par une sagesse naturelle, Agricola, bien qu'il eût affaire à des civils, agissait avec douceur et équité. En outre, il savait partager son temps entre les occupations et le repos ; quand les assises et les audiences l'exigeaient, il était sérieux, appliqué, sévère, et plus souvent miséricordieux ; quand il avait satisfait à son devoir, rien ne subsistait du personnage officiel : il avait dépouillé l'air morose, la morgue et l'âpreté ; et voici qui se voit très rarement : sa bonhomie ne fit pas tort à son prestige, ni sa sévérité à sa popularité. Signaler à propos d'un tel homme son intégrité et son désintéressement serait faire injure à ses vertus. La renommée, qui souvent agrée même aux gens de bien, il ne la chercha pas non plus par l'étalage de son mérite ou par l'intrigue ; loin de rivaliser avec ses collègues, loin d'entrer en conflit avec les procurateurs, il trouvait qu'en ces luttes la victoire est sans gloire et la défaite humiliante. Il fut retenu moins de trois années dans ce gouvernement, et, dès qu'il en fut rappelé [3], la perspective du consulat s'ouvrit à lui ; sur ses pas, on publiait que la Bretagne lui était assignée comme province ; il n'en avait pas lui-même soufflé mot, mais il paraissait à la hauteur de la tâche :

l'opinion publique ne se trompe pas toujours ; parfois même elle sait choisir [4].

1. Il revint de Bretagne, probablement avec Cérialis, en 74.
2. Province prétorienne qui venait la première après les provinces consulaires.
3. Le gouvernement d'Aquitaine se place donc entre 74 et 77, le consulat en 77.
4. Cette sentence constitue un vers iambique.

prouinciae Aquitaniae praeposuit, splendidae inprimis dignitatis administratione ac spe consulatus, cui destinarat. [2] Credunt plerique militaribus ingeniis subtilitatem deesse, quia castrensis iurisdictio secura et obtusior ac plura manu agens calliditatem fori non exerceat. [3] Agricola naturali prudentia, quamuis inter togatos, facile iusteque agebat. [4] Iam uero tempora curarum remissionumque diuisa : ubi conuentus
ac iudicia poscerent,| grauis, intentus, seuerus, et 54v col. 1
saepius misericors ; ubi officio satis factum, nulla ultra potestatis persona : tristitiam et adrogantiam et auaritiam exuerat. [5] Nec illi, quod est rarissimum, aut facilitas auctoritatem aut seueritas amorem deminuit. Integritatem atque abstinentiam in tanto uiro referre iniuria uirtutum fuerit. [6] Ne famam quidem, cui saepe etiam boni indulgent, ostentanda uirtute aut per artem quaesiuit : procul ab aemulatione aduersus collegas, procul a contentione aduersus procuratores, et uincere inglorium et atteri sordidum arbitrabatur. [7] Minus triennium in ea legatione detentus ac statim ad spem consulatus reuocatus est, comitante opinione Britanniam ei prouinciam dari, nullis in hoc ipsius sermonibus, sed quia par uidebatur.

[8] Haud semper errat fama ; aliquando et eligit.

IX, 1 Aquitaniae *EA* : aequi– *B* || praeposuit *EA* : pro– *B* || dignitatis administratione *ETAB* : dignitate administrationis *Rigler* || 2 deesse *EA* : adesse *B* || fori *EA* : –rem *B* || 4 tempora curarum *EA* : temporis et curarum *B* || et saepius *EAB* : sed *–Draeger* || et saepius misericors *del. Peerlkamp Wex temere* || nulla.... persona *Rhenanus* : nullā.... personam [m *expuncto*] *E* nullam.... persona *T* nullam.... personam *AB* || tristitiam.... exuerat *ETAB* : *secl. Peerlkamp Wex* et auaritiam *secl. Heraeus* || nihil ultra : potestatis personam exuerat *Urlichs* nulla ultra tristitia : potestatis personam exuerat *Eussner* || 5 facilitas *EA* : facultas *B* || deminuit *ET Juste Lipse* : di– *AB* || 6 saepe etiam *ETA* : etiam saepe *B* || ostentanda *Rhenanus* : –dam *codd.* || contentione *ET* : –nem *AB* || atteri *ETA* : acteri *B* || 7 ac statim *codd.* : *del. Peerlkamp Classen* || ipsius *ET* : suis *AB* || 8 haud semper errat *ETA* : aut semper erat *B* || eligit *ET Rhenanus* ; elegit *AB*.

Consul, — j'étais alors jeune homme — [1], il me promit sa fille, qui donnait de grands espoirs, et, après son consulat, le mariage eut lieu ; immédiatement il fut mis à la tête de la Bretagne [2], et reçut en plus la dignité sacerdotale du pontificat.

Géographie physique.

X. La situation de la Bretagne et sa population ont été décrites par beaucoup d'écrivains [3] ; je vais y revenir, non pour rivaliser avec eux d'érudition ou de talent, mais parce que la soumission en fut alors achevée ; ce que mes devanciers, encore mal informés, ont paré d'embellissements littéraires, je l'enseignerai donc en m'appuyant sur les faits.

La Bretagne, la plus grande des îles connues des Romains, s'étend en superficie et par sa position géographique, à l'Est, face à la Germanie ; à l'Ouest, face à l'Espagne [4] ; au Sud, elle est même visible de la Gaule ; sa partie septentrionale, qui n'a pas de terres devant elle, est battue par l'immensité d'une mer ouverte.

La configuration de l'ensemble britannique a été comparée par de grands écrivains, Tite-Live parmi les anciens, Fabius Rusticus parmi les modernes *, à un plat oblong ou à une hache à deux tranchants. Tel est bien son aspect en deçà de la Calédonie * ; d'où la tradition qui l'attribue à l'ensemble ; mais pour qui va plus loin, une étendue immense et irrégulière de terres, qui proéminent au-delà de la côte extrême, s'amincit en forme de coin. En doublant pour la première fois le rivage de cette mer ultime, une flotte romaine a démontré que la Bretagne est une île *, et, en même temps, des îles jusqu'alors inconnues, nommées Orcades, ont été découvertes et subjuguées. On entrevit aussi Thulé * ; défense d'aller plus loin, et l'hiver approchait. D'ailleurs cette mer morte et lourde

1. Il avait 22 ans, étant né en 55 ap. J.-C.

2. Il y arriva au milieu de l'été, d'après XVIII, 7.

3. En dehors de Tite-Live (Livre 104), et Fabius Rusticus (auteur d'une histoire de Claude et de Néron) cités plus bas : César (*B. G.*, 5, 13-14), Pline (*N. H.*, 4, 30), Pomponius Méla (3, 6), et, parmi les Grecs, Strabon (4, 5).

4. On croyait que les Pyrénées s'allongeaient du S. au N. (cf. Strab., 3, 1, 3).

[9] Consul egregiae tum spei filiam| iuueni mihi des- 54v col. 2
pondit ac post consulatum collocauit, et statim Britanniae praepositus est, adiecto pontificatus sacerdotio.

X. [1] Britanniae situm populosque multis scriptoribus memoratos non in comparationem curae ingeniiue referam, sed quia tum primum perdomita est ; ita quae priores nondum comperta eloquentia percoluere, rerum fide tradentur. [2] Britannia, insularum quas Romana notitia complectitur maxima, spatio ac caelo in orientem Germaniae, in occidentem Hispaniae obtenditur, Gallis in meridiem etiam inspicitur ; septentrionalia eius, nullis contra terris, uasto atque aperto mari pulsantur.

[3] Formam totius Britanniae Liuius ueterum, Fabius Rusticus recentium eloquentissimi auctores oblongae scutulae uel bipenni adsimulauere. [4] Et est ea facies citra Caledoniam, unde et in uniuersum fama ; sed
transgressis| inmensum et enorme spatium procur- 55r col. 1
rentium extremo iam litore terrarum uelut in cuneum tenuatur. [5] Hanc oram nouissimi maris tunc primum Romana classis circumuecta insulam esse Britanniam adfirmauit, ac simul incognitas ad id tempus insulas, quas Orcadas uocant, inuenit domuitque. [6] Dispecta est et Thyle, quia hactenus iussum : et hiems adpe-

9 egregiae *Puteolanus* : graeciae *ETA* gratae *A in marg.* grate *B* || tum *codd.* : < iam > tum *Ritter* || ac post *ETA* : et post *B*.

X, 1 ingeniiue *ETA* : ingemine *B* || tum *codd.* : tunc *Wex* || ita quae *A*^{2}*B* : itaque *ETA* || 2 in orientem *AB* : morientem *E* || etiam *ET Puteolanus* : et *AB* || 3 scutulae *ETA* : scapulae *B* || adsimulauere *Puteolanus* : assimilauere *ETA* adsimilauere *B* || 4 unde et in uniuersum fama est sed transgressis *Doederlein* : unde et uniuersis fama sed transgressis *E* [*uerba* unde..... sed *per lineam atramento dissimili ductam seclusa*, alias *super* unde *scripto*] unde et uniuersis fama sed [*pro* fama *fortasse* forma] *T* unde uniuersum fama est transgressis sed *A* unde in uniuersum fama est transgressis sed *B* –est transgressa sed *Rhenanus Halm* || enorme *T Rhenanus* : inorme *EAB* || 6 dispecta *EA* : de– *B* || Thyle *EA* : Thile *T* Tyle *B* Thule *Ernesti* || et hiems adpetebat sed *EA* : sed hiems adpetebat et *B Schulz*.

pour les rameurs n'est même pas, dit-on, soulevée par les vents comme une autre [1] ; c'est, à mon avis, que les terres et les montagnes, cause et aliment des tempêtes, sont plus clairsemées [2], et que la masse profonde de la mer ininterrompue est plus lente à s'ébranler. Il n'entre pas dans mon sujet d'étudier la nature de l'Océan et ses marées ; beaucoup en ont rendu compte ; je ne voudrais ajouter qu'une remarque : nulle part la mer n'étend plus loin son empire ; elle porte ici et là des bras nombreux, et ne s'arrête pas à la côte en montant ou baissant, mais elle s'enfonce à l'intérieur, y circule, pénètre jusqu'au milieu des hauteurs et des montagnes comme chez elle.

Ethnographie. XI. Quels ont été en Bretagne les premiers habitants ? des indigènes ou des immigrants ? on ne le sait pas trop, comme il arrive en pays barbares. Les types physiques y sont divers, d'où plusieurs hypothèses ; ainsi les habitants de la Calédonie ont les cheveux roux, les membres longs, attestant une origine germanique [3] ; le teint basané des Silures [4], leurs cheveux généralement crépus et leur situation vis-à-vis de l'Espagne [5] font croire que des Ibères jadis ont fait la traversée et occupé ces positions ; les plus voisins des Gaulois leur sont aussi ressemblants, soit que persiste une communauté d'origine, soit que, dans ces pays orientés à l'encontre l'un de l'autre, le climat ait formé les corps. Cependant, en gros, on peut croire que les Gaulois ont envahi l'île en raison de sa proximité [6]. On peut y remarquer leur culte, leurs croyances superstitieuses [7] ; les langues diffèrent peu ; même audace à réclamer les périls, et, les périls venus, même hâte craintive à s'y soustraire [8]. Néanmoins les Bretons montrent

1. Sur cette mer septentrionale (*mare concretum*), cf. Tac., *Germ.*, 45, 1 ; Sen., *Suas.*, 1, 1 ; Plin., *N. H.*, 4, 16, 104.
2. De cette théorie fantaisiste, rapprocher Sen., *N. Q.*, 5, 13.
3. Cf. Rice Holmes, *Ancient Britain*, pp. 417 sqq.
4. Dans les South Wales et Monmouthshire actuels.
5. Cf. X, 2.
6. Cf. Caes., *B. G.*, 5, 14, 1 ; l'analyse de Tacite est plus pénétrante.
7. C.-à-d. le druidisme ; cf. Caes., *B. G.*, 6, 13.
8. Sur la fougue des Gaulois et leur manque de ténacité, cf. Caes., 3, 19, 6.

tebat. Sed mare pigrum et graue remigantibus perhibent ne uentis quidem proinde attolli, credo quod rariores terrae montesque, causa ac materia tempestatum, et profunda moles continui maris tardius impellitur. 7 Naturam Oceani atque aestus neque quaerere huius operis est, ac multi rettulere ; unum addiderim, nusquam latius dominari mare, multum fluminum huc atque illuc ferre, nec litore tenus adcrescere aut resorberi, sed influere penitus atque ambire, et iugis etiam ac montibus| inseri uelut in 55^r col.2
suo.

XI. 1 Ceterum Britanniam qui mortales initio coluerint, indigenae an aduecti, ut inter barbaros, parum compertum. 2 Habitus corporum uarii atque ex eo argumenta ; namque rutilae Caledoniam habitantium comae, magni artus Germanicam originem adseuerant; Silurum colorati uultus, torti plerumque crines et posita contra Hispani*a* Hiberos ueteres traiecisse easque sedes occupasse fidem faciunt ; proximi Gallis et similes sunt, seu durante originis *ui*, seu procurrentibus in diuersa terris positio caeli corporibus habitum dedit. 3 In uniuersum tamen aestimanti Gallos uicinam insulam occupasse credibile est. 4 Eorum sacra deprehendas, ac superstitionum persuasiones ; sermo haud multum diuersus, in deposcendis periculis eadem audacia et, ubi aduenere, in detrectandis eadem formido. 5 Plus tamen ferociae Britanni prae-

proinde *codd.* : perinde *Grotius* || attolli *EA* : actolli *B* || 7 neque *EA* : nec *B* || dominari [dñari] *ETA*^{2} [*in marg.*] *Puteolanus* : damnari *AB*.

XI, 2 Caledoniam *A*^{2} : Caly– *ETA* Caledonam *B* || artus Germanicam *EA* : arcus Germanam *B* || Hispania *Muret* : –niam *codd.* hiberia *E* [*in marg.*] || Hiberos *EA* : hiberas *A*^{2} Iberas *B* || occupasse *EB*, *A*^{2} *in marg.* : habitasse *A* || ui *Rhenanus* : usu *codd.* || 3 aestimanti *EB* : –mati *A* || uicinam *codd.* : uacuam *E* [*in marg.*] || 4 ac superstitionum persuasiones *Gudeman* : superstitionum persuasione *EAB* –num –nem *Ritter* –num –nes *Glück* < eadem > –num –ne *Cartault* < pari > –num –ne *Heraeus, del. Nipperdey* || eadem formido *EA* : ea formido *B*.

plus de fougue, parce qu'une longue paix ne les a pas encore amollis ; car les Gaulois aussi, nous le savons, ont été de brillants guerriers ; ensuite l'indolence s'introduisit avec la paix ; ils perdirent la vaillance en même temps que la liberté [1]. Il en fut de même pour ceux des Bretons qui furent autrefois vaincus [2] ; les autres sont encore ce que furent les Gaulois.

Activité militaire et politique ; climat et productions.

XII. Leur force est dans l'infanterie ; certaines peuplades font aussi la guerre avec des chars [3] ; le plus noble conduit, ses vassaux combattent en avant. Autrefois ils obéissaient à des rois [4] ; maintenant ils sont tiraillés entre plusieurs chefs par les querelles et les passions partisanes. Rien ne sert mieux nos intérêts contre les peuples les plus puissants que leur manque de collaboration. Il est rare que deux ou trois États se liguent pour repousser un péril commun ; ainsi combattent-ils séparément ; tous ensemble sont vaincus.

Le ciel est souvent obscurci de pluies et de brouillards ; les froids rigoureux sont inconnus *. Les jours excèdent en durée ceux de notre monde ; la nuit est claire, et, à l'extrémité de la Bretagne, si brève qu'on ne remarque entre le jour qui finit et celui qui commence qu'un léger crépuscule *. On prétend que, si les nuées ne forment pas écran, l'éclat du soleil est visible en pleine nuit ; il ne se couche ni ne se lève, il passe. En effet les bords aplatis de la terre, avec leur ombre à fleur de sol, ne projettent que des ténèbres sans hauteur, et la nuit n'atteint pas le ciel et les astres *.

A part l'olivier, la vigne et les autres productions habituelles des terres plus chaudes, le sol est propre aux cultures et fertile * ; la maturité est tardive, la végétation hâtive ; deux effets d'une même cause, l'abondante humidité de la terre et du climat.

1. Tacite résume César (*B. G.*, 6, 24) ; cf. *Germ.*, 28, 1.
2. Ceux du Sud-Est, vaincus par Claude (cf. XIII, 5).
3. Sur la manœuvre de ces chars (*esseda*), voir Caes., *B. G.*, 4, 33.
4. A l'époque de César (*B. G.*, 5, 11 ; 22) Cassivellaunus, Cingétorix, Carvilius, Taximagulus, Ségovax.

ferunt, ut quos nondum| longa pax emollierit ; nam 55v col. 1
Gallos quoque in bellis floruisse accepimus ; mox segnitia cum otio intrauit, amissa uirtute pariter ac libertate. [6] Quod Britannorum olim uictis euenit : ceteri manent quales Galli fuerunt.

XII. [1] In pedite robur ; quaedam nationes et curru proeliantur ; honestior auriga, clientes propugnant. [2] Olim regibus parebant, nunc per principes factionibus et studiis trahuntur. [3] Nec aliud aduersus ualidissimas gentis pro nobis utilius quam quod in commune non consulunt. [4] Rarus duabus tribusue ciuitatibus ad propulsandum commune periculum conuentus : ita singuli pugnant, uniuersi uincuntur.

[5] Caelum crebris imbribus ac nebulis fœdum ; asperitas frigorum abest. [6] Dierum spatia ultra nostri orbis mensurám ; nox clara et extrema Britanniae parte breuis, ut finem atque initium lucis exiguo discrimine
internoscas.| [7] Quod si nubes non officiant, aspici per 55v col. 2
noctem solis fulgorem, nec occidere et exsurgere, sed transire adfirmant. [8] Scilicet extrema et plana terrarum humili umbra non erigunt tenebras, infraque caelum et sidera nox cadit.

[9] Solum praeter oleam uitemque et cetera calidioribus terris oriri sueta patiens frugum fecundumque ; tarde mitescunt, cito proueniunt ; eademque utriusque rei causa, multus umor terrarum caelique.

5 in bellis *AB* : bellis *ET*.

XII, 1 in pedite *A*[2] : impedite *B* im pedite *EA* in equite *Urlichs Nipperdey* || quaedam nationes *EAB* : nationes quaedam *T* || 2 trahuntur *codd.* : dis– *Heinsius Urlichs* || 4 tribusue *B* : –que *ETA* || 5 caelum..... auaritiam *hunc locum usque ad finem cap. XII post cap. X transponunt Reifferscheid Wex Nipperdey* || abest *ETA* : est *B* || 6 Britanniae parte *ETA* : parte Britanniae *B* || 7 et exsurgere *ETA* : nec exurgere *B* || 9 patiens frugum fecundumque *Hedicke* : p. fr. pecudumque *ET* [fecundum *in marg.*] p. fr. fecundum *AB* fr. p., fecundum *Gudeman* < pomorum > p., fr. fecundum *Ritter* < arborum > p., fr. f. *Doederlein Eussner* || terrarum caelique *ETA* : terrarumque caelique *B*.

La Bretagne produit de l'or, de l'argent et d'autres métaux, récompense de la victoire [1]. L'Océan, de son côté, donne des perles, mais un peu ternes et plombées [2]. Certains pensent que la méthode des pêcheurs laisse à désirer ; en effet, dans la mer Rouge, on les arrache des rochers vivantes et animées ; en Bretagne, on les ramasse où le flot les a rejetées. Pour moi, je croirais que la qualité manque aux perles plutôt qu'à nous l'avidité.

Premières tentatives.

XIII. Quant aux Bretons, ils subissent volontiers levées, tributs et charges imposées par notre autorité, si l'injustice ne s'y ajoute pas ; celle-ci leur est intolérable, leur soumission allant jusqu'à l'obéissance, mais n'allant pas encore jusqu'à la servitude.

Or le premier de tous les Romains, le divin Jules César entra en Bretagne avec une armée ; par un combat heureux il effraya les habitants et s'empara de la côte ; mais on peut juger qu'il montra cette conquête à ses successeurs plutôt qu'il ne la leur transmit [3]. Ensuite vinrent les guerres civiles ; les armes des chefs se tournèrent contre la patrie, et longtemps on oublia la Bretagne, même en temps de paix ; c'est ce que le divin Auguste appelait une politique, Tibère une règle *. On sait bien que Caius César * agita le dessein d'entrer en Bretagne, mais il était prompt, dans son humeur inconstante, à se repentir de ses projets, et sa gigantesque tentative contre la Germanie avait été vaine. Le divin Claude prit l'initiative de recommencer les opérations, en faisant passer la mer à des légions et à des troupes auxiliaires, et en associant à l'entreprise Vespasien : ce fut pour celui-ci le commencement de son élévation future ; des peuples furent domptés, des rois capturés, et les destins désignèrent Vespasien *.

1. Cf. Furneaux, Anderson, Haverfield, *op. cit.*, App. II, *Minerals in early Roman Britain* (or, argent, plomb, cuivre, étain).
2. Cf. Plin., *N. H.*, 9, 35, 116.
3. Ce combat heureux doit être, pour Tacite, celui de 54 (Caes., *B. G.*, 5, 17). Les résultats obtenus par César ont été exagérés par les uns (Vell. Pat., 2, 47, 1 ; Flor., 1, 45, 18), raillés par les autres (Luc., 2, 571-2) ; le débat reste ouvert (cf. J. Carcopino, contre C. Jullian, dans *César*, Paris, 1937, p. 750).

[10] Fert Britannia aurum et argentum et alia metalla, pretium uictoriae. [11] Gignit et Oceanus margarita, sed subfusca ac liuentia. [12] Quidam artem abesse legentibus arbitrantur ; nam in rubro mari uiua ac spirantia saxis auelli, in Britannia, prout expulsa sint, colligi ; ego facilius crediderim naturam margaritis deesse quam nobis auaritiam.

XIII. [1] Ipsi Britanni dilectum ac tributa et iniuncta
imperii| munia impigre obeunt, si iniuriae absint ; has 56r col. 1
aegre tolerant, iam domiti ut pareant, nondum ut seruiant.

[2] Igitur primus omnium Romanorum diuus Iulius cum exercitu Britanniam ingressus, quamquam prospera pugna terruerit incolas ac litore potitus sit, potest uideri ostendisse posteris, non tradidisse. [3] Mox bella ciuilia et in rem publicam uersa principum arma, ac longa obliuio Britanniae etiam in pace ; consilium id diuus Augustus uocabat, Tiberius praeceptum. [4] Agitasse Gaium Caesarem de intranda Britannia satis constat, ni uelox ingenio mobili paenitentiae, et ingentes aduersus Germaniam conatus frustra fuissent. [5] Diuus Claudius auctor *iterati* operis, transuectis legionibus auxiliisque et adsumpto in partem rerum Vespasiano, quod initium uenturae mox fortunae fuit : domitae gentes, capti reges et monstratus fatis Vespasianus.

10 uictoriae *ETA* : –ria *B* || 11 subfusca *ETA* : subfusa *E*[*in marg.*] suffusa *B* || liuentia *ETA* : liuenta *B* || 12 artem abesse *EAB* : abesse artem *T*.

XIII, 1 dilectum *edd.* : de– *E* [*sed* i *superscr.*] *AB* || munia *ET* : munera *AB* || obeunt *codd.* : subeunt *Nipperdey* || 3 etiam *ETA* : iam *B* || praeceptum *ETA* [*in marg.*] *B* : praecipue *ETA* [*in textu*] || 4 Gaium *E* : Caium *AB* || uelox ingenio mobili paenitentiae *ETA* : uelox ingenii, mobilis paenitentiae *B* || 5 auctor iterati operis *Wex* : auctoritate [aut– *A*] operis *EAB* auctor operis *T* *Puteolanus* auctor tanti operis *Bezzenberger* auctor intacti o. *Urlichs* auctor iterandi o. *Madvig* auctor patrati o. *Ritter* auctor tandem o. *Froehlich* auctor statim o. *Andresen* || domitae *Puteolanus* : domitie *T* [*littera* i *post* t *expuncta*] domitiae *EAB* || gentes *ET* : gentis *AB*.

Les premiers gouverneurs.

XIV. Le premier consulaire qui gouverna la Bretagne fut Aulus Plautius [1] ; son successeur, Ostorius Scapula [2] : deux grands hommes de guerre ; on réduisit peu à peu en province la partie méridionale de la Bretagne ; on y installa en outre une colonie de vétérans [3]. Certaines nations furent attribuées au roi Cogidumnus — il nous resta fidèle jusqu'à notre temps [4] —, suivant cette habitude, ancienne et depuis longtemps acquise, du peuple romain : avoir même des rois pour instruments de servitude *. Ensuite Didius Gallus maintint les conquêtes de ses prédécesseurs ; tout au plus poussa-t-il en avant quelques fortins, pour acquérir la réputation d'avoir agrandi son gouvernement *. Didius fut remplacé par Véranius, qui mourut dans l'année *. Après lui, Suétonius Paulinus gouverna pendant deux ans avec succès, soumettant des peuples et installant de solides garnisons * ; ce qui lui donna confiance pour attaquer l'île de Mona *, qui fournissait des forces aux rebelles ; ainsi leur laissa-t-il derrière lui le champ libre.

La révolte de 61 ap. J.-C.

XV. En effet, enhardis par l'absence du gouverneur, les Bretons s'entretiennent des maux de la servitude, se font part des injustices subies, et. par leurs commentaires, les enveniment * : la patience ne sert à rien qu'à faire imposer des charges plus lourdes à ceux qui les acceptent docilement ; jadis ils n'avaient qu'un roi à la fois, maintenant ils en subissent deux, qui en veulent, le gouverneur, à leur vie, le procurateur, à leurs biens ; pareillement le désaccord des maîtres, pareillement leur concorde est funeste aux sujets ; leurs suppôts, centurions de l'un, esclaves de l'autre *, accumulent violences et outrages ; plus rien n'échappe à leur convoitise, rien à leur frénésie. Dans le combat, c'est le plus brave qui fait du butin ; maintenant ce sont des lâches souvent

1. A. Plautius Silvanus, de 44 à 47 ; cf. Tac., *Ann.*, 13, 32, 3.
2. P. Ostorius Scapula, de 47 à 52 ; cf. Tac., *Ann.*, 12, 31-39.
3. Colonie de Camulodunum (Colchester) ; cf. Tac., *Ann.*, 12, 32, 4.
4. Il devint *legatus Augusti in Britannia* (*C. I. L.*, 7, 11).

XIV. 1 Consularium primus Aulus Plautius praepositus ac subinde Ostorius Scapula, uterque bello egregius ; redactaque paulatim| in formam prouinciae 56r col. 2
proxima pars Britanniae ; addita insuper ueteranorum colonia. 2 Quaedam ciuitates Cogidumno regi donatae (is ad nostram usque memoriam fidissimus mansit), uetere ac iam pridem recepta populi Romani consuetudine, ut haberet instrumenta seruitutis et reges. 3 Mox Didius Gallus parta a prioribus continuit, paucis admodum castellis in ulteriora promotis, per quae fama aucti officii quaereretur.

4 Didium Veranius excepit, isque intra annum extinctus est. 5 Suetonius hinc Paulinus biennio prosperas res habuit, subactis nationibus firmatisque praesidiis ; quorum fiducia Monam insulam ut uires rebellibus ministrantem adgressus terga occasioni patefecit.

XV. 1 Namque absentia legati remoto metu Britanni agitare inter se mala seruitutis, conferre iniurias et interpretando accendere : nihil profici patientia nisi ut grauiora| tamquam ex facili tolerantibus 56v col. 1
imperentur. 2 Singulos sibi olim reges fuisse, nunc binos imponi, e quibus legatus in sanguinem, procurator in bona saeuiret ; aeque discordiam praepositorum, aeque concordiam subiectis exitiosam ; alterius manus centuriones, alterius seruos uim et contumelias miscere ; nihil iam cupiditati, nihil libidini exceptum. 3 In proelio fortiorem esse qui spoliet :

XIV, 1 Aulus *EA* : A. *B* || Plautius *ET Rhenanus* : Plan– *AB* || 2 Cogidumno *EA* : Cogidunno *B* [< Co > gidubni *C. I. L. VII, 11*] Togidumno *E*[*in marg.*] || uetere..... ut haberet *Rhenanus* : ut uetere..... haberet *codd.* || et reges *Rhenanus* : et regis *EA* regis *B* || 3 aucti officii *E* [*sec.* i *exp.*] *AB* : aucti obsequii *Madvig* || 4 Veranius *EAB* : Q. Veranius *Ritter* || 5 Monam *EA* : Nomam *B*.

XV, 1 patientia *EA* : sapi– *B* || imperentur *EA* : –antur *B* || 2 alterius manus [*i. e.* ministros] *E Pomponius Laetus Puteolanus Andresen* : alterius manum *AB* [*sed* manus A^2] alterius enim *Meiser* ; manum *post* seruos *transfert Urlichs* manum *in locum substantiui* uim *substit. Eussner* || centuriones *Rhenanus* : –nis *EAB*.

et des couards qui prennent les maisons, arrachent les enfants, imposent les levées, comme à des gens qui sauraient mourir, sauf pour leur patrie. Combien peu de soldats ont passé la mer, au regard des effectifs bretons ! Dans ces conditions, la Germanie a secoué le joug [1] ; et pourtant c'est un fleuve, ce n'est pas l'Océan qui la défend. Patrie, femmes, parents sont leurs buts de guerre ; avidité et jouissances, ceux des Romains ; ils se retireront comme le divin [2] Jules César s'est retiré, pourvu que les Bretons rivalisent de vaillance avec leurs aïeux ; que l'issue d'un ou deux combats ne les effraie pas ; les heureux ont plus de fougue, les malheureux plus d'opiniâtreté. [3] Maintenant les dieux eux-mêmes ont pitié des Bretons, puisqu'ils tiennent le général romain éloigné, et son armée reléguée dans une autre île. Maintenant les Bretons se concertent, et c'était le plus difficile. Or, en ces sortes de délibérations, il est moins dangereux d'oser que de se laisser surprendre.

La fin de la révolte ; la suite des gouverneurs.

XVI. Par ces propos et par d'autres semblables ils s'excitèrent mutuellement ; sous la conduite de Boudicca [4], femme de sang royal (car, pour le commandement, ils ne font pas de différence entre les sexes [5]), ils prirent tous les armes ; après avoir traqué les soldats disséminés dans les fortins et réduit les garnisons [6], ils se jetèrent sur la colonie elle-même, comme sur le siège de la tyrannie [7], et leur ressentiment victorieux n'omit aucune espèce de cruauté propre aux natures barbares *. Si Paulinus, apprenant la révolte de la province, ne se fût hâté de venir à la rescousse, la Bretagne eût été perdue ; la chance d'un seul combat * la rendit à l'ancienne soumission ; mais beaucoup de rebelles restaient en armes, tourmentés par le sentiment de leur faute et par

1. Allusion à la révolte des Germains, en l'an 9.
2. Appellation ironique dans la bouche des Bretons.
3. Les Romains vainqueurs ont plus de mordant, les opprimés ont la ténacité ; il n'y a pas lieu de corriger cette leçon de *E*.
4. Récit détaillé de la révolte de Boudicca dans *Ann.*, 14, 31 sqq.
5. Cf. Tac., *Ann.*, 14, 35 ; et, pour Cartimandua, 12, 36, 1.
6. Autre version dans *Ann.*, 14, 33, 4.
7. Sur Camulodunum, « siège et forteresse d'une éternelle oppression », cf. Tac., *Ann.*, 14, 31.

nunc ab ignauis plerumque et inbellibus eripi domos,
abstrahi liberos, iniungi dilectus, tamquam mori
tantum pro patria nescientibus. 4 Quantulum enim
transisse militum, si sese Britanni numerent ? sic
Germanias excussisse iugum : et flumine, non Oceano
defendi. 5 Sibi patriam, coniuges, parentes, illis auari-
tiam et luxuriam causas belli esse ; recessuros, ut
diuus Iulius recessisset, modo uirtutem maiorum
suorum aemularentur ; neue proelii unius aut alterius
euentu pauescerent : plus impetus felicibus, maio| rem 56v col. 2
constantiam penes miseros esse. 6 Iam Britannorum
etiam deos misereri, qui Romanum ducem absentem,
qui relegatum in alia insula exercitum detinerent ;
iam ipsos, quod difficillimum fuerit, deliberare. 7 Porro
in eius modi consiliis periculosius esse deprehendi
quam audere.

XVI. 1 His atque talibus in uicem instincti, Boudicca generis regii femina duce (neque enim sexum in imperiis discernunt) sumpsere uniuersi bellum ; ac sparsos per castella milites consectati, expugnatis praesidiis ipsam coloniam inuasere ut sedem seruitutis, nec ullum in barbaris ingeniis saeuitiae genus omisit ira et uictoria. 2 Quod nisi Paulinus cognito prouinciae motu propere subuenisset, amissa Britannia foret ; quam unius proelii fortuna ueteri patientiae restituit, tenentibus arma plerisque, quos conscientia defectionis et proprius ex legato timor

3 imbellibus *EB* : imbecillibus *A* [*litteris* ci *expunctis*] || eripi *EAB* : diripi *Heinsius* || dilectus *E* : de– *TAB* || 4 si sese *AB* : et sese *E* [*sed* et *expuncto*] || 5 plus impetus felicibus [fae– *T*] *ET*, *coniecerat Novak* : plus impetus *AB* plus < illis > impetus *Peerlkamp* plus < penes malos > impetus *Eussner* plus impetus < superbis > *Urlichs* plus < imperantibus > impetus *Pichon*.

XVI, 1 Boudicca *Haase* [*cf. Nipperdey ad Ann.* 14, 31] : uoadicca *ETA* uoaduca *B* || in barbaris ingeniis *ET* : ingeniis *om. AB* < ut > in barbaris *Peerlkamp* || 2 tenentibus *ETAB* : tenentibus < tamen > *Ritter* < etsi > tenentibus *Nipperdey* || plerisque *EA* : pleri– *B* || proprius *ET Rhenanus* : propius *AB*.

la crainte, propre à certains, de voir le gouverneur, en dépit de ses vertus ordinaires, se montrer intransigeant après leur capitulation, et prendre des mesures rigoureuses, comme pour se venger de chaque tort individuel [1]. On envoya donc Pétronius Turpilianus [2], dans la pensée qu'il serait moins inexorable, et que, n'ayant pas souffert des fautes de l'ennemi, il serait plus indulgent pour le repentir; après avoir apaisé les désordres antérieurs sans rien oser de plus, il passa le gouvernement de la province à Trébellius Maximus.

Trébellius [3], plus mou et manquant d'expérience militaire, maintint la province par une certaine bonhomie dans l'administration. Alors les barbares apprirent à leur tour à pardonner aux vices charmants, et, sur ces entrefaites, les guerres civiles [4] fournirent à l'inertie un prétexte plausible ; mais le mal vint de la discorde, parce que le soldat accoutumé aux expéditions s'émancipait dans l'inaction. Trébellius réduit à fuir et à se cacher pour échapper à la colère de l'armée, déshonoré et avili, n'eut bientôt plus qu'une autorité précaire, et, comme s'ils eussent acheté, l'armée son indiscipline, le général son salut, la sédition s'arrêta sans effusion de sang.

Vettius Bolanus [5], lui non plus, ne traita pas la Bretagne avec rigueur, parce que les guerres civiles duraient encore : même inertie à l'égard des ennemis, même turbulence dans le camp, à cela près que Bolanus, irréprochable et pur de toute faute qui pût le faire haïr, avait acquis l'affection à défaut de l'autorité.

XVII. Mais dès que Vespasien, avec le reste du monde, eut ressaisi aussi la Bretagne, on y vit de grands chefs, des armées d'élite, et l'espoir des ennemis fut amoindri. Immédiatement, la terreur leur fut inspirée par Pétilius Cérialis [6]

1. Passage très discuté ; voir *App. crit.* : avec la correction *cuiusque*, la leçon de *E* (*proprius*) fournit un ensemble qui se tient : certains ont des raisons particulières de craindre.

2. Sur son gouvernement (62-63), voir Tac., *Ann.*, 14, 29.

3. M. Trébellius Maximus, gouverneur de 63 à 69 ; cf. Tac., *Hist.*, 1, 60.

4. En 69, année des quatre empereurs.

5. Gouverna la Bretagne de 69 à 71 ; cf. VIII, 1.

6. Gouverneur de 71 à 74 ; cf. VIII, 2.

agitabat, ne quamquam egregius cetera adroganter|
in deditos et ut suae cuiusque iniuriae ultor durius 57r col. 1
consuleret. [3] Missus igitur Petronius Turpilianus tamquam exorabilior et delictis hostium nouus eoque paenitentiae mitior, compositis prioribus nihil ultra ausus Trebellio Maximo prouinciam tradidit.

[4] Trebellius segnior et nullis castrorum experimentis, comitate quadam curandi prouinciam tenuit. [5] Didicere iam barbari quoque ignoscere uitiis blandientibus, et interuentus ciuilium armorum praebuit iustam segnitiae excusationem : sed discordia laboratum, cum adsuetus expeditionibus miles otio lasciuiret. [6] Trebellius, fuga ac latebris uitata exercitus ira indecorus atque humilis, precario mox praefuit, ac uelut pacti, exercitus licentiam, dux salutem *essent*, seditio sine sanguine stetit. [7] Nec Vettius Bolanus, manentibus adhuc ciuilibus bellis,
agitauit Britanniam disciplina : eadem| inertia erga 57r col. 2
hostis, similis petulantia castrorum, nisi quod innocens Bolanus et nullis delictis inuisus caritatem parauerat loco auctoritatis.

XVII. [1] Sed ubi cum cetero orbe Vespasianus et Britanniam reciperauit, magni duces, egregii exercitus, minuta hostium spes. [2] Et terrorem statim

ne quamquam *Walch* : nequaquam *codd.* [*sed* nequam *i. e* nequamquam *EA in marg.*] || suae cuiusque *Wex Haase* : suae eiusque *ETAB* suae quisque *Nipperdey* suae quoque *Puteolanus* suae communisque *Schmitt* || 3 missus igitur *post* agitabat *transtulit Doederlein* || nouus *A* : nouis *EB* || ausus *EA* : ausis *B* || 4 Trebellius *AB* : sed Trebellius *ET* [sed *expuncto E*] || 5 segnitiae excusationem *EA* : seuitiae accusationem *B* || lasciuiret *ETB* : –ueret *A* || 6 indecorus *E Puteolanus* : –ris *TAB* || praefuit *A* : praebuit [*sed* f *super* b *scripto*] *E* fuit *B* || pacti exercitus licentiam dux salutem *ET* [*in marg.*] *AB* [*in textu*] : facta exercitus licentia ducis salute *E* || essent *Ritter Urlichs* : et *codd.* esset *Halm Andresen* ea *Doederlein* || 7Vettius *E* : uectius *TAB* || Bolanus *B* : uolanus *ETA* || agitauit *EAB* : fatigauit [*uel* castigauit] *Madvig* || eadem *ETA* : et eadem *B*.

XVII, 1 minuta.... et terrorem *codd.* : < et > minuta.... terrorem *Gudeman*.

qui attaqua la nation des Brigantes [1], la plus peuplée, dit-on, de toute la province. Combats nombreux et parfois sanglants ; il étendit à une grande partie des Brigantes la conquête ou la guerre. Et en vérité Cérialis, par son zèle et sa réputation, eût écrasé tout autre successeur ; le poids de la comparaison fut supporté et soutenu, autant que les circonstances le permettaient, par Julius Frontinus [2], un grand homme ; il soumit par les armes le peuple puissant et belliqueux des Silures [3] ; il surmonta en plus de la vaillance ennemie, les difficultés du terrain,

Campagne de 77.

XVIII. Telle était la situation de la Bretagne, telles étaient les fluctuations de la guerre, lorsqu'au milieu de l'été Agricola passa la mer [4]. Les soldats, pensant qu'on renonçait à faire campagne, étaient tournés vers l'insouciance, et les ennemis à l'affût d'une occasion. La nation des Ordoviques *, peu avant son arrivée, avait anéanti presque tout un corps de cavalerie auxiliaire, qui cantonnait sur son territoire ; ce fut pour la province le début du soulèvement. Ceux qui voulaient la guerre approuvaient cet exemple et ils épiaient les dispositions du nouveau gouverneur. Bien que l'été fût passé, que les effectifs fussent disséminés dans la province, que le soldat s'attendît à une année de repos, circonstances qui retardaient et entravaient l'ouverture d'hostilités, et alors que beaucoup jugeaient préférable de surveiller les points suspects, Agricola résolut d'aller au-devant du péril ; après avoir rassemblé les détachements des légions et une petite troupe d'auxiliaires, parce que les Ordoviques n'osaient pas descendre dans la plaine, il prit la tête de la colonne, pour inspirer à tous un courage égal en face d'un même péril, et fit monter l'armée à l'assaut. La tribu fut massacrée presque tout entière ; sachant bien qu'il faut serrer de près le succès, et que la réussite des premières opérations ferait redouter toutes les autres, il se proposa

1. Entre l'Humber et le golfe de Solway.
2. Il gouverna la Bretagne de 74 à 77.
3. Voir plus haut, XI, 2.
4. En 77 ou en 78 ? On date les sept campagnes d'Agricola de 77 à 83, ou de 78 à 84.

intulit Petilius Cerialis, Brigantum ciuitatem, quae numerosissima prouinciae totius perhibetur, adgressus. [3] Multa proelia, et aliquando non incruenta ; magnamque Brigantum partem aut uictoria amplexus est aut bello. [4] Et Cerialis quidem alterius successoris curam famamque obruisset : subiit sustinuitque molem Iulius Frontinus, uir magnus, quantum licebat, ualidamque et pugnacem Silurum gentem armis subegit, super uirtutem hostium locorum quoque difficultates eluctatus.

XVIII. [1] Hunc Britanniae statum, has bellorum uices media iam aestate trangressus Agricola inuenit, cum et milites uelut| omissa expeditione ad securi- 57v col. 1
tatem et hostes ad occasionem u*er*terentur. [2] Ordouicum ciuitas haud multo ante aduentum eius alam in finibus suis agentem prope uniuersam obtriuerat, eoque initio erecta prouincia. [3] Et quibus bellum uolentibus erat, probare exemplum ac recentis legati animum opperiri, cum Agricola, quamquam transuecta aestas, sparsi per prouinciam numeri, praesumpta apud militem illius anni quies, tarda et contraria bellum inchoaturo, et plerisque custodiri suspecta potius uidebatur, ire obuiam discrimini statuit ; contractisque legionum uexillis et modica auxiliorum manu, quia in aequum degredi Ordouices non audebant, ipse ante agmen, quo ceteris par animus simili periculo esset, erexit aciem. [4] Caesaque prope uniuersa gente, non ignarus instandum famae ac, prout prima cessissent, terrorem ceteris fore, Monam insulam, *a*

2 Cerialis *Juste Lipse* : Caerealis *A* cerealis *B* || Brigantum *edd.* [cf. XXX*I*, 5 Brigantes *EAB*] : Bregantum *ETA* Bregantium *A²B* || 4 alterius successoris *codd.* : successoris *del. Nipperdey* || *post* obruisset *lacunam esse existimant Wex Nipperdey* || subiit sustinuitque *ET* : subiit *om. AB* sustinuit utique *Schoemann* || locorum *EA* : locorumque *B*.

XVIII, 1 Britanniae *ETA* : -nia *B* || uerterentur *B* : uterentur *ETA* [*obelo adposito*] || 3 transuecta *EAB* : transacta *Rhenanus* || degredi *ET Acidalius* : di– *AB* || 4 terrorem *codd.* : tenorem *Boot* || Monam *ETA* : Nomam *B* || < a > *add. Bipontini*.

de soumettre l'île de Mona [1], dont Paulinus faisait la conquête lorsqu'il en fut rappelé par la révolte de toute la Bretagne, je l'ai mentionné plus haut [2]. Mais, comme il arrive dans les improvisations, les navires manquaient : la tactique et la ténacité du chef assurèrent la traversée ; il fit déposer tous leurs bagages à des auxiliaires [3] spécialement choisis, qui savaient reconnaître les endroits guéables et nager, suivant leur habitude nationale, en dirigeant à la fois leurs personnes, leurs armes et leurs chevaux ; il les lança en avant si soudainement que, stupéfaits, les ennemis, qui attendaient une flotte, des navires et la marée *, crurent que rien n'était difficile ni insurmontable pour qui venait au combat de cette façon. Ainsi la paix fut demandée, et l'île capitula : Agricola fut tenu pour illustre et grand, parce que, dès son arrivée dans la province, — moment consacré par d'autres à la parade et aux présentations officielles —, il avait préféré l'action et le danger. Et pourtant Agricola, sans tirer vanité de son succès, n'appelait pas campagne ni victoire le fait d'avoir contenu des vaincus ; il n'envoya même pas de messages ornés de laurier * pour relater ses exploits, mais, en cachant sa gloire, il l'accrut, car on supputait tout ce qu'il attendait de l'avenir pour taire de si grandes choses.

Réformes administratives.

XIX. Mais averti des dispositions de la province, et sachant aussi par l'expérience d'autrui * qu'on gagne peu par les armes, si, dans la suite, l'injustice sévit, il décida d'extirper les causes des guerres. Commençant par lui-même et par les siens, il réduisit d'abord son train de maison, ce qui, pour beaucoup, n'est pas moins difficile que de gouverner une province. Il ne réglait aucune affaire publique par l'intermédiaire d'affranchis ou d'esclaves ; ce n'était pas d'après ses sympathies personnelles, sur une recommandation ou des prières qu'il attachait à son service un centurion ou des soldats, mais les meilleurs il les jugeait les plus dignes de sa con-

1. Anglesey ; cf. XIV, 5.
2. Cf. XIV, 5.
3. Bretons, ou plutôt Bataves ; cf. Tac., *Ann.*, 2, 8, 3 ; 4, 12, 3.

cuius possessione reuocatum Paulinum rebellione totius Britanniae supra| memoraui, redigere in potes- 57v col. 2 tatem animo intendit. [5] Sed ut in subitis consiliis naues deerant : ratio et constantia ducis transuex*it* ; depositis omnibus sarcinis lectissimos auxiliarium, quibus nota uada et patrius nandi usus, quo simul seque et arma et equos regunt, ita repente inmisit, ut obstupefacti hostes, qui classem, qui nauis, qui mare exspectabant, nihil arduum aut inuictum crediderint sic ad bellum uenientibus. [6] Ita petita pace ac dedita insula clarus ac magnus haberi Agricola, quippe cui ingredienti prouinciam, quod tempus alii per ostentationem et officiorum ambitum transigunt, labor et periculum placuisset. [7] Nec Agricola prosperitate rerum in uanitatem usus, expeditionem aut uictoriam uocabat uictos continuisse ; ne laureatis quidem gesta prosecutus est, sed ipsa dissimulatione famae famam auxit, aestimantibus quanta futuri spe tam magna tacuisset.

XIX. [1] Ceterum animorum prouinciae prudens, simulque doctus per aliena experimenta parum proficī armis,| si in*i*uriae sequerentur, causas bellorum 58r col. 1 statuit excidere. [2] A se suisque orsus primum domum suam coercuit, quod plerisque haud minus arduum est quam prouinciam regere. [3] Nihil per libertos seruosque publicae rei, non studiis priuatis nec ex commendatione aut precibus centurionem milites*ue ad*scire, sed optimum quemque fidissimum putare :

in potestatem *ETA* : in potestate *B* || 5 subitis *ET*, *coniecerat J. Fr. Gronov* : dubiis *AB* || transuexit *Puteolanus* : transuex̄ *B* tranue *A* tranarex̄ extra B || patrius *ET Puteolanus* : pr̄ius *A* prius *B* proprius *Wex Gudeman* || 6 petita *A* : potita *ETB* || 7 ne *EA* : nec *B*.

XIX, 1 iniuriae *ET Puteolanus* : incuriae *AB* || excidere *EAB* : exscindere *ed. Aldina* || 2 primum *B* : primam *ETA* || 3 libertos *ET Puteolanus* ; liberos *AB* || priuatis *ETA* : priuatus *ET* [*in marg.*] priuatius *A*²*B* || centurionem militesue ascire *Wex* : c. milites nescire *ETAB* centurionum milites ascire *Puteolanus*.

fiance [1] ; il s'informait de tout, il ne punissait pas tout ; aux fautes légères il appliquait l'indulgence, aux graves la sévérité ; il ne sévissait pas toujours, mais plus souvent le repentir lui suffisait ; aux charges et aux emplois administratifs il aimait mieux préposer des gens incapables d'erreurs, que d'avoir à condamner les erreurs commises. Il adoucissait les prestations de blé et la levée des impôts par leur équitable répartition, supprimant les inventions lucratives qui étaient plus pénibles à supporter que l'impôt lui-même ; en effet, pour se moquer des Bretons, on les forçait d'attendre près des greniers fermés, et, qui plus est, d'acheter du blé pour se rédimer. Des itinéraires détournés et des régions lointaines étaient prescrits aux États, et, malgré la proximité de quartiers d'hiver, ils devaient amener leur blé à des cantonnements écartés et inaccessibles, jusqu'à ce que la solution la plus simple pour tous devînt pour quelques-uns source de profits [2].

Seconde année de campagne : été 78.

XX. En réprimant ces abus dès la première année, Agricola embellit d'un excellent renom la paix, que la négligence ou l'intransigeance de ses prédécesseurs faisait redouter autant que la guerre. Mais, l'été venu, ayant rassemblé son armée, il se multipliait dans les marches, louait la discipline, réfrénait les débandades, choisissait lui-même les emplacements pour le camp, reconnaissait lui-même estuaires [3] et forêts ; cependant, loin de laisser tranquilles les pays ennemis, il les dévastait par de brusques incursions ; et, après les avoir bien terrorisés, les ménageant, il faisait au contraire miroiter les attraits de la paix. Ainsi beaucoup d'États, qui avaient, jusqu'à ce jour, traité avec nous d'égal à égal, donnèrent des otages, mirent bas leur ressentiment ; ils furent investis de garnisons et de

1. Sur la maison civile et militaire des gouverneurs, cf. Cic., *Q. fr.*, 1, 1, 10 sqq.

2. Sur ces abus de l'administration romaine, voir Cic., *Verr.*, 2, 3, 77, 178 ; 82, 190. Pour obtenir la faveur de la solution la plus simple, il faut acheter la complaisance des fonctionnaires romains.

3. Agricola dut partir du pays des Ordoviques, et longer la côte N. O. de la région de Chester, coupée d'estuaires.

omnia scire, non omnia exsequi ; paruis peccatis ueniam, magnis seueritatem commodare ; nec poena semper, sed saepius paenitentia contentus esse ; officiis et administrationibus potius non peccaturos praeponere, quam damnare cum peccassent. [4] Frumenti et tributorum exactionem aequalitate munerum mollire, circumcisis quae in quaestum reperta ipso tributo grauius tolerabantur ; namque per ludibrium adsidere clausis horreis et emere ultro frumenta ac luere pretio cogebantur. [5] Diuortia itinerum et longinquitas regionum indicebatur, ut ciuitates proximis hibernis in remota| et auia deferrent, donec 58r col. 2
quod omnibus in promptu erat paucis lucrosum fieret.

XX. [1] Haec primo statim anno comprimendo egregiam famam paci circumdedit, quae uel incuria uel intolerantia priorum haud minus quam bellum timebatur. [2] Sed ubi aestas aduenit, contracto exercitu multus in agmine, laudare modestiam, disiectos coercere ; loca castris ipse capere, aestuaria ac siluas ipse praetemptare ; et nihil interim apud hostis quietum pati, quo minus subitis excursibus popularetur ; atque ubi satis terruerat, parcendo rursus inuitamenta pacis ostentare. [3] Quibus rebus multae ciuitates, quae in illum diem ex aequo egerant, datis obsidibus iram posuere, et praesidiis castellisque circumdatae *sunt*,

commodare *codd.* : accommodare *Ritter* || 4 exactionem *ETA* [*in marg.*] *B* : auctionem *ETA* [*in textu*] || aequalitate munerum *E* [mae qua–] *T* [equa–] : inaequalitate munerum *AB unde* inaequalitatem onerum *Baehrens* || circumcisis quae *ET* : circumcisisque *AB* circumcisisque < quae > *Henrichsen* || ac luere *ET Wex* : ac ludere *AB* [*obelo in marg. posito*] auctiore *Urlichs* ac recludere *Hutter* ac liceri *Heraeus* agri cultores *Classen* || 5 diuortia *codd.* : de– *Juste Lipse* || indicebatur *codd.* : –bantur *Ritter* || proximis *codd.* : –mae *Ritter*.

XX, 2 multus *ETA* : multum *A²B* || popularetur *EA* : –et *B* || inuitamenta *Acidalius Juste Lipse* : inri– *codd.* inci– *A²* || 3 sunt tanta *Dronke* : et tanta *E* [*sed et suprascr.*] *TAB*.

fortins [1], avec tant de méthode et de vigilance que jamais canton de la Bretagne nouvellement conquis n'a passé ainsi paisiblement sous notre domination.

Hiver 78-79. XXI. L'hiver suivant fut employé tout entier aux mesures les plus salutaires : pour habituer par les jouissances à la paix et à la tranquillité des hommes disséminés, sauvages et par là même disposés à guerroyer, il exhortait les particuliers, il aidait les collectivités à édifier temples, forums, maisons, louant les gens empressés, gourmandant les nonchalants : ainsi l'émulation dans la recherche de la considération remplaçait la contrainte. De plus, il faisait instruire dans les arts libéraux les fils des chefs, et préférait les dons naturels des Bretons aux talents acquis des Gaulois, si bien qu'après avoir naguère dédaigné la langue de Rome, ils se passionnaient pour son éloquence. On en vint même à priser notre costume et souvent à porter la toge ; peu à peu, on se laissa séduire par nos vices, par le goût des portiques, des bains et des festins raffinés ; dans leur inexpérience, ils appelaient civilisation ce qui contribuait à leur asservissement.

Troisième année de campagne (79). XXII. La troisième année de campagne nous ouvrit de nouveaux cantons, en dévastant la contrée jusqu'au Tanaüs [2] (c'est le nom d'un estuaire) ; ainsi terrorisés, les ennemis n'osèrent pas inquiéter l'armée, pourtant éprouvée par le mauvais temps ; on eut même le loisir de créer des fortins. Les habiles remarquaient qu'aucun autre chef ne choisit plus savamment des positions avantageuses, qu'aucun fortin établi par Agricola ne fut pris d'assaut par l'ennemi ni abandonné par reddition ou par retraite ; car des appro-

1. Fortins découverts dans le district de Carlisle ; cf. Furneaux... *op. cit.*, p. IV, n. 3 ; M. Cary, *art. cit.*, pp. 6-7.

2. On pense généralement que *Tanaus* désigne la Tyne ; son embouchure n'est pas à vrai dire un estuaire, mais elle est navigable sur une profondeur de deux milles. Le *Tanaus* ne peut être la Clyde ou la Tweed, car la frontière Clyde-Forth ne fut atteinte que l'année suivante.

tanta ratione curaque, ut nulla ante Britanniae noua pars inlacessita ita transierit.

XXI. 1 Sequens hiems saluberrimis consiliis absumpta; namque ut homines dispersi ac rudes| eoque in bell*a* faciles quieti et otio per uoluptates 58v col. 1
adsuescerent, hortari priuatim, adiuuare publice, ut templa, fora, domos exstruerent, laudando promptos, castigando segnis : ita honoris aemulatio pro necessitate erat. 2 Iam uero principum filios liberalibus artibus erudire, et ingenia Britannorum studiis Gallorum anteferre, ut qui modo linguam Romanam abnuebant, eloquentiam concupiscerent. 3 Inde etiam habitus nostri honor et frequens toga; paulatimque discessum ad delenimenta uitiorum, porticus et balnea et conuiuiorum elegantiam; idque apud inperitos humanitas uocabatur, cum pars seruitutis esset.

XXII. 1 Tertius expeditionum annus nouas gentis aperuit, uastatis usque ad Tanaum (aestuario nomen est) nationibus; qua formidine territi hostes quamquam conflictatum saeuis tempestatibus exercitum lacessere non ausi; ponendisque insuper castellis spatium fuit.| 2 Adnotabant periti non alium ducem 58v col. 2
opportunitates locorum sapientius legisse; nullum ab Agricola positum castellum aut ui hostium expu-

curaque *codd.* : curaque < habitae > *Ritter Andresen* || pars inlacessita < ita > *Ernesti* : pars inlacessita *codd.* pars < pariter > inlacessita *Froehlich Weissenborn* pars < perinde > inl. *Ritter* pars < tam > inl. *Urlichs.*

XXI, 1 saluberrimis *ETA* : -mus *B* || absumpta *Rhenanus* : adsumpta *codd.* || in bella *Bosius* : in bello *codd.* || quieti et otio *E* [*in marg.*] *AB* : quieti inotio *E* qui et in otio *T* || castigando *ET* : et castigando *AB* || 3 discessum *codd.* : descensum *Pichena Halm Andresen* || delenimenta *ET* : delini- *A* deliniamenta *B* || balnea *E* [*in marg.*] *A* : balinea *ETA*[2] balneas *B* balineas *Ritter.*

XXII, 1 Tanaum *ETAB* : Taum E^2T [*in marg.*] Taus siue Tanaus A^2 [*in marg.*] Tauum *Glück* Tauam *Nipperdey* || castellis *ETAB* : telis A^2 [*in marg.*] || 2 ab E^2 [*in marg.*] : *om. ET.*

visionnements pour une année donnaient la force d'y résister à la longueur d'un siège. Ainsi l'hiver s'y passait sans peur, on faisait de fréquentes sorties et chaque poste tenait par ses propres moyens ; l'ennemi tenu en échec se décourageait, parce qu'habitué à compenser ordinairement les pertes de l'été par les succès de l'hiver, il était alors repoussé hiver comme été. Néanmoins Agricola n'accapara jamais avec égoïsme les exploits des exécutants : centurion ou préfet [1] trouvait en lui un témoin impartial de sa conduite. Certains le disaient un peu amer dans ses réprimandes ; de fait, s'il était affable avec les bons, il était rude pour les mauvais. Au reste, la colère ne laissait pas en lui de rancune secrète, si bien que son silence n'avait rien de redoutable ; il croyait plus noble de heurter que de haïr.

Quatrième année de campagne (80).

XXIII. Le quatrième été fut employé à s'assurer des régions parcourues ; si la vaillance des armées et la gloire du nom romain souffraient des limites, elles les auraient trouvées dans la Bretagne proprement dite [2]. Car la Clyde et le Forth, refoulés immensément par le flux de deux mers opposées [3], ne sont séparés que par une étroite bande de terre ; celle-ci était alors fortifiée par des postes [4], et, en deçà, toute la poche * était occupée, l'ennemi étant rejeté au-delà comme dans une autre île.

Cinquième année de campagne (81).

XXIV. La cinquième année de campagne, après avoir fait la traversée qu'un navire romain faisait pour la première fois *, Agricola dompta par des combats aussi heureux que nombreux des peuples inconnus jusqu'alors, et il garnit de troupes la partie de la Bretagne qui regarde l'Hibernie *, en vue d'opérations futures, plutôt que par précaution ; effectivement, l'Hi-

1. Le centurion commandait des légionnaires ; le préfet, une troupe auxiliaire d'infanterie ou de cavalerie.

2. C.-à-d. indépendamment de la Calédonie ; cf. X, 4.

3. Nouvelle allusion à la force des marées ; cf. X, 7.

4. Découverts pour la plupart au cours de fouilles récentes ; cf. M. Cary, *art. cit.*, pp. 7-8.

gnatum aut pactione ac fuga desertum* ; nam aduersus moras obsidionis annuis copiis firmabantur. [3] Ita intrepida ibi hiems, * crebrae eruptiones et sibi quisque praesidio, inritis hostibus eoque desperan*ti*bus, quia soliti plerumque damna aestatis hibernis euentibus pensare tum aestate atque hieme iuxta pellebantur. [4] Nec Agricola umquam per alios gesta auidus intercepit ; seu centurio seu praefectus incorruptum facti testem habebat. [5] Apud quosdam acerbior in conuiciis narrabatur, *et* ut erat comis bonis, ita aduersus malos iniucundus. [6] Ceterum ex iracundia nihil supererat secretum, ut silentium eius non timeres : honestius putabat offendere quam odisse.

XXIII. [1] Quarta aestas obtinendis quae percucurrerat insumpta ; ac si uirtus exercituum et Romani nominis| gloria pateretur, inuentus in ipsa Britannia 59r col. 1
terminus. [2] Namque Clota et Bodotria diuersi maris aestibus per inmensum reuectae, angusto terrarum spatio dirimuntur : quod tum praesidiis firmabatur atque omnis propior sinus tenebatur, summotis uelut in aliam insulam hostibus.

XXIV. [1] Quinto expeditionum anno nave prima transgressus ignotas ad id tempus gentis crebris simul ac prosperis proeliis domuit ; eamque partem Britanniae quae Hiberniam aspicit copiis instruxit, in spem magis quam ob formidinem, si quidem Hiber-

ac fuga *EA* : aut fuga *E* [*in marg.*] *B* || 3 crebrae eruptiones *huc transposuit Halm* : *quae uerba post* desertum *habent codd. suspecta habuit Wex* || desperantibus *ET* : desperationibus *AB* || 4 auidus *EA* : -dius *B* liuidus *Haupt* || 5 conuiciis *E* [*in marg.*] *A*[2] : conuiuiis *AB* || et ut erat *Purser* : ut erat *codd.* et erat ut *Henrichsen* || 6 supererat secretum, ut *EAB* [*sed comma non habent EB*] : supererat, secretum et *Puteolanus* [secretum uel *Fr. Jacob* aut *Haase* ac *Woelfflin*] supererat, secretum [uel silentium] *Nipperdey.*

XXIII, 1 percucurrerat *ETA* : percurrerat *B* || gloria *ETA* : *om. B* || 2 propior *A* : proprior *ETB*.

XXIV, 1 naue prima *codd.* : naue primum *Boot* naui in proxima *Rigler Wex* uere primo *Becker* aestate prima *Peerlkamp* in Clotae proxima *Nipperdey* Sabrinam *Madvig Woelfflin* || ob *ETA* : in *B*.

bernie, située à mi-chemin entre la Bretagne et l'Espagne [1], à portée aussi de la mer gauloise, pourrait devenir, pour cette partie très puissante de l'empire, un nœud de grandes communications. Sa superficie, comparée à la Bretagne, est moindre ; aux îles de notre mer [2], supérieure. Pour la nature du sol, le climat, les caractères ethniques et la civilisation, peu de différence avec la Bretagne ; on connaît surtout les accès et les ports, grâce aux relations commerciales et aux gens d'affaires. Agricola avait accueilli un des roitelets de ce peuple, chassé par une révolution intérieure, et, sous couleur d'amitié, il le gardait pour se servir de lui à l'occasion [3]. Souvent je lui ai entendu dire qu'avec une seule légion et des troupes auxiliaires peu considérables on pourrait réduire et tenir l'Hibernie, et que cela aiderait même à la soumission de la Bretagne, puisque les armes romaines seraient alors partout, et que la liberté, pour ainsi dire, cesserait d'être en vue.

Sixième année de campagne (82) : offensive calédonienne.

XXV. Au reste, l'été où commençait la sixième année de sa charge, il embrassa dans ses projets les États situés sur l'autre rive du Forth ; parce qu'on redoutait un soulèvement général de ces peuples et les routes infestées d'ennemis, il fit reconnaître les ports par la flotte * ; associée par Agricola pour la première fois aux forces en action, elle suivait, spectacle exceptionnel : à la fois sur terre et sur mer la guerre était poussée, et souvent, dans le même camp, fantassin et cavalier ou soldat de marine, confondant leurs ressources et leur allégresse, exaltaient chacun leurs exploits, leurs aventures, et comparaient avec la fanfaronnade habituelle aux soldats tantôt les profondeurs des forêts et des montagnes, tantôt les obstacles des tempêtes et des flots, et les victoires remportées ici sur la terre et sur l'ennemi, là sur l'Océan. Les Bretons eux-mêmes — on l'apprenait des prisonniers — restaient interdits à la vue de la flotte, en pensant que, le secret de

1. Pour cette erreur géographique, voir X, 2.
2. Sicile, Sardaigne, Corse.
3. Suivant l'habitude romaine rappelée en XII, 3.

nia medio inter Britanniam atque Hispaniam sita et Gallico quoque mari opportuna ualentissimam imperii partem magnis in uicem usibus miscuerit. [2] Spatium eius, si Britanniae comparetur, angustius, nostri maris insulas superat. [3] Solum caelumque et ingenia cultusque hominum haud multum a Britannia differ*unt* : melius aditus portusque per commercia et negotiatores cogniti.| [4] Agricola expulsum sedi- 59r col. 2
tione domestica unum ex regulis gentis exceperat ac specie amicitiae in occasionem retinebat. [5] Saepe ex eo audiui legione una et modicis auxiliis debellari obtinerique Hiberniam posse ; idque etiam aduersus Britanniam profuturum, si Romana ubique arma et uelut e conspectu libertas tolleretur.

XXV. [1] Ceterum aestate, qua sextum officii annum inchoabat, amplexus ciuitates trans Bodotriam sitas, quia motus uniuersarum ultra gentium et infesta hostili exercitu itinera timebant*ur*, portus classe explorauit ; quae ab Agricola primum adsumpta in partem uirium sequebatur egregia specie, cum simul terra, simul mari bellum impelleretur, ac saepe isdem castris pedes equesque et nauticus miles mixti copiis et laetitia sua quisque facta, suos casus attollerent, ac modo siluarum ac montium profunda, modo tempestatum ac fluctuum aduersa, hinc terra| et hostis, 59v col. 1
hinc uictus Oceanus militari iactantia compararentur. [2] Britannos quoque, ut ex captiuis audiebatur, uisa classis obstupefaciebat, tamquam aperto maris sui

3 differunt *Rhenanus* : –fert *codd.* || melius *Rhenanus* : in melius *codd. uncis includunt Wex Urlichs Andresen Gudeman, lacunam indicat Ritter* || per *ETA* : et *B*.

XXV, 1 inchoabat *edd.* : incohabat *ETA* cohabat *B* || amplexus *codd.* : –urus *Peerlkamp* || hostili exercitu *E* [*in marg.*] : hostilis exercitus *ETAB* hostibus exercitus *Becker* hostilis *secl. Urlichs* hostilis exercitus *uncis includit Selling* || timebantur *ET Puteolanus* : –bant *AB* –bat *Ritter* || specie *codd.* : –es *Muetzell* || impelleretur *Rhenanus* ; –litur *codd.* || isdem *E* ; iisdem *AB* || mixti *ETA* ; misti *B*.

leur mer étant dévoilé, leur dernier refuge, en cas de défaite, leur était fermé. Passant à l'action et au combat, les peuples de la Calédonie, avec de grands préparatifs que la renommée grandissait comme tout ce qui est inconnu, prirent l'offensive contre les fortins * et, par cette agression, inspirèrent de la crainte. Des couards, prenant des airs entendus, conseillaient de reculer en deçà du Forth et de se retirer pour ne pas être chassés, quand Agricola, sur ces entrefaites, apprend que les ennemis fonceront en plusieurs colonnes. De peur que l'avantage du nombre et la connaissance du terrain ne leur permît de l'encercler, il divisa lui aussi son armée en trois corps et marcha de l'avant.

Contre-attaque romaine.

XXVI. Dès qu'il en eut connaissance, l'ennemi changea soudain de plan : tous ensemble attaquèrent de nuit la neuvième légion qu'ils savaient la plus faible *, et, après avoir massacré les sentinelles au milieu du sommeil et de la panique, ils firent irruption. Déjà on se battait au milieu du camp, lorsqu'Agricola, instruit par des éclaireurs de la marche des ennemis et s'étant lancé sur leurs traces, ordonne à ses cavaliers et à ses fantassins les plus rapides de bondir sur le dos des combattants, puis à tous ses hommes de pousser des cris ; et le jour approchant fit resplendir les enseignes. Ainsi le péril double effraya les Bretons, tandis que les soldats de la neuvième légion reprirent courage et, sûrs de leur salut, combattaient pour la gloire. Bien plus, ils contre-attaquèrent, et il y eut un combat acharné dans l'étranglement même des portes, jusqu'à l'expulsion des ennemis : les deux corps d'armée romains rivalisaient pour montrer, l'un qu'il avait prêté secours, l'autre qu'il n'avait pas eu besoin d'assistance. Si marais et forêts n'avaient couvert les fuyards, cette victoire eût été décisive.

Levée en masse des Calédoniens.

XXVII. La conscience de ce haut fait et son retentissement enhardirent les soldats ; ils s'écriaient que rien n'était inaccessible à leur vaillance,

secreto ultimum uictis perfugium clauderetur. [3] Ad manus et arma conuersi Caledoniam incolentes populi, magno paratu, maiore fama, uti mos est de ignotis, obpugnare ultro castella adorti, metum ut prouocantes addiderant ; regrediendumque citra Bodotriam et cedendum potius quam pellerentur ignaui specie prudentium admonebant, cum interim cognoscit hostis pluribus agminibus inrupturos. [4] Ac ne superante numero et peritia locorum circumiretur, diuiso et ipse in tris partes exercitu incessit.

XXVI. [1] Quod ubi cognitum hosti, mutato repente consilio uniuersi nonam legionem ut maxime inualidam nocte adgressi, inter somnum ac trepidationem caesis uigilibus inrupere. [2] Iamque in ipsis castris pugnabatur, cum Agricola iter| hostium ab explora- 59v col. 2
toribus edoctus et uestigiis insecutus, uelocissimos equitum peditumque adsultare tergis pugnantium iubet, mox ab uniuersis adici clamorem ; et propinqua luce fulsere signa. [3] Ita ancipiti malo territi Britanni ; et nonanis rediit animus, ac securi pro salute de gloria certabant. [4] Vltro quin etiam erupere, et fuit atrox in ipsis portarum angustiis proelium, donec pulsi hostes, utroque exercitu certante, his, *ut* tulisse opem, illis, ne eguisse auxilio uiderentur. [5] Quod nisi paludes et siluae fugientis texissent, debellatum illa uictoria foret.

XXVII. [1] Cuius conscientia ac fama ferox exercitus nihil uirtuti suae inuium et penetrandam Caledo-

3 Caledoniam *edd.* : caly– *ET* cali– *AB* || incolentes E^2 : –tis *ETAB* || magno paratu *ET* : paratu magno *AB* || obpugnare *E Rhenanus* : –asse *TAB* || castella *ET* [*in marg.*] *AB* ; –lum *ET* [*in textu*] A^2 || et cedendum *E* [*in marg.*] *T* : excedendum *E* et excedendum *AB* || 4 tris *AB* ; tres *ET*.

XXVI, 1 nocte *ETA* : –tem *B* || 3 nonanis *ET* : romanis E^3 [rom *super* non *scr.*] *AB* || securi pro salute de gloria *codd.* : securi de salute pro gloria *Acidalius* [*sed cf. Hist. 4, 58*] || 4 ut tulisse E^1 *Puteolanus* : intulisse E^3*TAB* || 5 texissent *ETA* : rex– *B*.

XXVII, 1 penetrandam *ETA* : –dum *B*.

qu'il fallait pénétrer en Calédonie et atteindre enfin la limite de la Bretagne en courant sans arrêt de combats en combats. Même les prudents et les sages de la veille étaient, après l'événement, résolus et fanfarons. Telle est à la guerre l'extrême iniquité des jugements : tous s'attribuent les succès, les revers sont mis au compte d'un seul.

Cependant les Bretons convaincus qu'ils ne devaient pas leur défaite à la vaillance de l'ennemi, mais aux circonstances et à l'habileté du général, sans rien rabattre de leur présomption, armaient la jeunesse, évacuaient femmes et enfants en lieux sûrs, scellaient par des assemblées et des sacrifices l'accord de tous les États. Les esprits étaient ainsi surexcités de part et d'autre lorsqu'on se sépara.

Odyssée d'une cohorte d'Usipiens.

XXVIII. Le même été, une cohorte d'Usipiens [1], levée en Germanie [2] et transportée en Bretagne, osa un coup extraordinaire et mémorable. Après avoir tué le centurion et les soldats qui, incorporés dans leurs manipules pour les instruire, leur servaient de modèles et de cadres, ils s'embarquèrent sur trois liburnes [3], en y poussant de force les pilotes ; l'un de ceux-ci revint à la côte, les deux autres, suspects, furent mis à mort ; leur évasion ne s'étant pas encore ébruitée, ces liburnes rangeant les côtes apparaissaient comme un prodige. Ensuite ils débarquèrent pour faire de l'eau et enlever des provisions ; ils engagèrent le combat avec beaucoup de Bretons qui défendaient chèrement leurs biens et, souvent victorieux, parfois repoussés, ils en vinrent pour finir à ce point de famine qu'ils mangèrent les plus débiles d'entre eux, puis ceux de leurs compagnons que le sort désignait. Après avoir dans ces conditions fait le périple de la Bretagne [4], et perdu leurs navires

1. Épisode narré par Dion Cassius (66, 20).

2. Tacite (*Germ.*, 32, 1) place les Usipiens avec les Tenctères sur la rive droite du Rhin, entre la Lippe et la mer.

3. Navires légers dans les flottes impériales (*liburnae, liburnicae*).

4. D'après Dion Cassius (66, 20), les révoltés rangèrent la côte occidentale, puis abordèrent de l'autre côté, au camp romain ; d'où l'idée conçue par Agricola, d'envoyer une flotte faire ce périple.

niam inueniendumque tandem Britanniae terminum continuo proel*ior*um cursu fremebant. [2] Atque illi modo cauti ac sapientes prompti post euentum ac magniloqui erant. [3] Iniquissima haec bellorum condicio est : prospera omnes sibi uindicant, aduersa uni imputantur. [4] At Britanni non uirtute se uictos, sed occasione| et arte ducis rati, nihil ex adrogantia 60r col. 1
remittere, quo minus iuuentutem armarent, coniuges ac liberos in loca tuta transferrent, coetibus ac sacrificiis conspirationem ciuitatum sancirent. [5] Atque ita inritatis utrimque animis discessum.

XXVIII. [1] Eadem aestate cohors Vsiporum per Germanias conscripta et in Britanniam transmissa magnum ac memorabile facinus ausa est. [2] Occiso centurione ac militibus, qui ad tradendam disciplinam inmixti manipulis exemplum et rectores habebantur, tris liburnicas adactis per uim gubernatoribus ascendere ; et uno remig*r*ante, suspectis duobus eoque interfectis, nondum uulgato rumore ut miraculum praeuehebantur. [3] Mox ad aquam atque utilia raptum egressi, et cum plerisque Britannorum sua defensantium proelio congressi ac saepe uictores, aliquando pulsi, eo ad extremum inopiae uenere, ut infirmissimos suorum, mox sorte ductos uescerentur. [4] Atque ita circumuecti Britanniam, amissis per inscitiam

proeliorum *Rhenanus* : proelium *ET* praelium *AB* || 3 condicio ē *AB* : condicione *E* || 4 se uictos *ET* : *om. AB* (se sed.... ducis uictos rati *coniecerat Brotier*) || ciuitatum *ETA* : -tium *B*.

XXVIII, 1 Vsiporum *ETA* : -piorum *B* || 2 inmixti *ET Puteolanus* : -tis *E*²*A* inmistis *B* || tris *B* : tres *ETA* || remigrante *Puteolanus* : remigante *codd.* renauigante *Muetzell* < retro > remigante *Gudeman* remeante *Peerlkamp Henrichsen* refugiente *Andresen* morigerante *Wex* refugo, ante *Urlichs* denegante *J. Müller* || praeuehebantur *EAB* : praebebantur *E* [*in marg.*] || 3 ad aquam *codd.* : ad aquandum *Halm* cum aquatum *Eussner* || atque utilia raptum egressi et cum *Halm* : adq. ut illa raptis [utillaraptis *E*] secum *codd.* atque utilia raptum issent cum *Eussner* atque utilia raptanda egressi et cum *Urlichs* atque utilia raptum ubi adpulissent cum *Furneaux* || mox *ETA* : morum *B*.

par ignorance du pilotage, pris pour des corsaires, ils furent capturés d'abord par les Suèbes *, ou ensuite par les Frisons *. Il y en eut même qui, vendus comme des marchandises et amenés jusque sur notre rive * en changeant d'acquéreurs, devinrent célèbres par le récit d'une telle aventure.

Septième année de campagne (83) ; coalition des Calédoniens.

XXIX. Au commencement de l'été *, Agricola fut blessé dans ses affections familiales : il perdit un fils né l'année précédente ; il supporta ce malheur sans imiter l'ostentation fréquente des stoïques, sans s'abandonner non plus, comme les femmes, aux lamentations et au désespoir ; même dans le deuil, la guerre était un de ses remèdes.

Il envoya donc la flotte en avant pour faire en plusieurs endroits des razzias qui inspireraient beaucoup d'affolement et de terreur ; avec l'armée allégée de ses bagages et accrue des Bretons * les plus vaillants, éprouvés pendant une longue paix, il atteignit le mont Grampian *, que déjà l'ennemi occupait. Car l'issue du précédent combat * n'avait pas abattu les Bretons ; n'attendant que la vengeance ou la servitude, et instruits enfin * de la nécessité de s'unir pour repousser le péril commun, ils avaient soulevé par des ambassades et des pactes les forces de tous les États. Déjà on apercevait plus de trente mille hommes en armes ; en outre affluait toute la jeunesse et ce qu'il y avait de vieillards encore verts et vigoureux, illustres guerriers et porteurs chacun de leurs décorations ; cependant un chef, entre plusieurs, se distinguait par la vaillance et la naissance, Calgacus * ; devant la multitude assemblée et réclamant le combat, il parla, dit-on, à peu près en ces termes * :

Discours de Calgacus aux troupes calédoniennes.

XXX. « Toutes les fois que j'examine les causes de la guerre et la nécessité qui nous presse, j'ai grand espoir qu'en ce jour votre union inaugurera l'indépendance pour la Bretagne

regendi| nauibus, pro praedonibus habiti, primum a 60r col. 2
Suebis, mox a Frisiis intercepti sunt. [5] Ac fuere quos per commercia uenundatos et in nostram usque ripam mutatione ementium adductos indicium tanti casus inlustrauit.

XXIX. [1] Initio aestatis Agricola domestico uulnere ictus, anno ante natum filium amisit ; quem casum neque ut plerique fortium uirorum ambitiose, neque per lamenta rursus ac maerorem muliebriter tulit ; et in luctu bellum inter remedia erat.
[2] Igitur praemissa classe, quae pluribus locis praedata magnum et incertum terrorem faceret, expedito exercitu, cui ex Britannis fortissimos et longa pace exploratos addiderat, ad montem Graupium peruenit, quem iam hostis insederat. [3] Nam Britanni nihil fracti pugnae prioris euentu, et ultionem aut seruitium exspectantes, tandemque docti commune periculum concordia propulsandum, legationibus et foederibus omnium ciuitatium uires exciuerant. [4] Iamque super| triginta milia armatorum aspi- 60v col. 1
ciebantur, et adhuc adfluebat omnis iuuentus et quibus cruda ac uiridis senectus, clari bello et sua quisque decora gestantes, cum inter pluris duces uirtute et genere praestans nomine Calgacus apud contractam multitudinem proelium poscentem in hunc modum locutus fertur :

XXX. « [1] Quotiens causas belli et necessitatem nostram intueor, magnus mihi animus est hodiernum diem consensumque uestrum initium libertatis toti

4 primum *ETA* : primodum *B* || mox *ETA* : morum *B* || 5 indicium *ETA* : iudi- *B*.

XXIX, 2 Graupium *ETA*[2]*B* : -piam *A* Grampium *Puteolanus cf. Havet* § *154* || 3 ciuitatium *ETB* : -tum *A* || 4 triginta *codd.* : CXXX *Urlichs* LXXX *Nipperdey* || uiridis *TAB* : uiris *E* [*sed* di *superscr. E*[2]] uirens *EA* [*in marg.*] || Calgacus *ETA* : Gal -*B*[1] *Rhenanus*.

XXX, 1 intueor *ETA* : -tuero *B* || consensumque *ETA* : -susque *B* || toti *ETAB* : totius *Puteolanus*.

entière [1]. En effet, vous faites bloc et ignorez la servitude ; plus de terre après la nôtre, et même sur mer pas de sûreté, parce que la flotte romaine nous y menace [2]. Ainsi le combat et les armes, qui sont le parti honorable pour les braves, sont aussi le plus sûr pour les lâches.

Les batailles antérieures, où la Bretagne a lutté contre les Romains avec des fortunes diverses, lui laissaient dans nos bras un espoir et une réserve, parce que pour nous, les plus nobles de tous ses enfants, qui habitons à ce titre au fond de ses retraites [3] et n'apercevons aucun des rivages asservis [4], la souillure de l'oppression n'entachait même pas nos regards. Placés aux confins du monde et de la liberté, nous avons été précisément défendus jusqu'à ce jour par cet éloignement et par le mystère qui couvrait notre nom ; or tout ce qui est inconnu passe pour prodigieux. Mais aujourd'hui l'extrémité de la Bretagne est ouverte à l'ennemi ; au-delà nul autre peuple, rien que les flots, les rochers, et, plus dangereux encore, les Romains, dont on chercherait en vain par la soumission et la réserve à éviter l'insolence.

Brigands du monde [5], depuis que, dévastant tout, ils n'ont plus de terres à ravager, ils fouillent la mer ; avides de posséder, si l'ennemi est riche, de tyranniser, s'il est pauvre, ni l'Orient, ni l'Occident ne les a rassasiés ; seuls entre tous ils convoitent avec la même ardeur l'opulence et l'indigence. Voler, massacrer, ravir, voilà ce que leur vocabulaire mensonger appelle autorité, et faire le vide, pacification.

XXXI. Chacun n'a rien de plus cher que ses enfants et ses proches : la nature l'a voulu ; les nôtres sont pris par des levées [6] pour subir ailleurs l'esclavage ; si nos femmes et nos sœurs échappent à la brutalité ennemie, elles sont souillées, au nom de l'amitié et de l'hos-

1. Cf. Tac., *Ann.*, 12, 34, 2 (formule semblable de Caractacus).
2. Cf. XXV, 1 (coopération des forces terrestres et navales).
3. Cf. Caes., *B. G.*, 5, 12, 1 ; l'autochtonie confère une noblesse aux Bretons de l'intérieur, placés dans le sanctuaire du pays.
4. Tandis que les Bretons du Sud aperçoivent la Gaule asservie.
5. Cf. Sall., *Epist. Mithr.*, 22 : *latrones gentium*.
6. Cf. XXIX, 2. Des Bretons appartiennent en 69 à l'armée de Germanie (Tac., *Hist.*, 1, 70, 3), et plus tard à celle de Pannonie (Dessau, 1997, etc.).

Britanniae fore ; nam et uniuersi coistis et seruitutis
expertes et nullae ultra terrae ac ne mare quidem
securum inminente nobis classe Romana. [2] Ita proe-
lium atque arma, quae fortibus honesta, eadem etiam
ignauis tutissima sunt.

« [3] Priores pugnae, quibus aduersus Romanos uaria
fortuna certatum est, spem ac subsidium in nostris
manibus habebant, quia nobilissimi totius Britanniae
eoque in ipsis penetralibus| siti nec ulla seruientium 60v col. 2
litora aspicientes, oculos quoque a contactu domina-
tionis inuiolatos habebamus. [4] Nos terrarum ac liber-
tatis extremos recessus ipse ac sinus famae in hunc
diem defendit ; atque omne ignotum pro magnifico
est ; [5] sed nunc terminus Britanniae patet, nulla iam
ultra gens, nihil nisi fluctus ac saxa, et infestiores
Romani, quorum superbiam frustra per obsequium
ac modestiam effugias.

« [6] Raptores orbis, postquam cuncta uastantibus
defuere terrae, mare scrutantur ; si locuples hostis
est, auari, si pauper, ambitiosi, quos non Oriens, non
Occidens satiauerit ; soli omnium opes atque inopiam
pari adfectu concupiscunt. [7] Auferre, trucidare, rapere
falsis nominibus imperium, atque ubi solitudinem
faciunt, pacem appellant.

XXXI. « [1] Liberos cuique ac propinquos suos
natura carissimos esse uoluit : hi per dilectus alibi
seruituri auferuntur : coniuges sororesque etiam si
hostilem libidinem effugerunt,| nomine amicorum 61r col. 1

co. stis et *E* [*tertia littera et superiore quartae parte macula oblitis*] : colitis et *T om. AB* coaluistis *Hedicke* || 3 manibus *ETA* : nauibus *B* || ulla *ET* : *om. AB* || 4 famae *codd.* : fama *Boxhorn* || defendit *EAB* : di — *T* || atque..... sed *huc transtulit Brueys quae uerba post* patet *habent AB* || omne *EAB* : *om. T* || 5 nunc *E* [*in marg.*] *TAB* : tum *E* iam *Hedicke* || ac saxa *ET* : et saxa *AB* || effugias *ET* : –geris *AB* || 6 terrae mare *E* : terram et mare E^2*TAB* terrae iam et mare *Halm.*

XXXI, 1 dilectus *E* ; de– E^3*TAB* || effugerunt *ET* : –giant *AB*.

pitalité [1]. Biens et revenus pour l'impôt, terre et récolte pour les prestations frumentaires, que dis-je ? corps et bras pour l'aménagement des forêts et des marais sous les coups et les injures, tout est épuisé. Les esclaves de naissance ne sont vendus qu'une fois [2], et, qui plus est, leurs maîtres les nourrissent ; la Bretagne achète chaque jour sa servitude, chaque jour l'entretient. Et de même que, dans une domesticité, les esclaves dernièrement achetés sont la risée même de leurs camarades, dans ce vieil esclavage de l'univers, on s'en prend à nous, les derniers venus, les sans-valeur, pour nous exterminer ; car nous n'avons ni champs, ni mines, ni ports, à l'exploitation desquels nous soyons réservés [3]. Et puis la vaillance et la fierté des sujets déplaisent aux maîtres ; l'éloignement et l'isolement par eux-mêmes sont d'autant plus suspects qu'ils protègent mieux.

Aussi, n'ayant à compter sur aucune indulgence, prenez enfin courage, que vous teniez surtout à la vie ou surtout à la gloire. Les Brigantes, sous la conduite d'une femme, ont été capables d'incendier une colonie, d'enlever un camp, et si le succès ne les eût engourdis, ils auraient pu secouer le joug. Nous, qui sommes inviolés et insoumis, nous qui allons apporter au combat l'esprit d'indépendance, et non des regrets [4], montrons dès le premier choc quels défenseurs la Calédonie s'est réservés.

XXXII. Croyez-vous les Romains aussi valeureux à la guerre que débauchés en temps de paix ? ce sont nos dissensions et nos discordes qui leur donnent du lustre *, les défauts de leurs ennemis qu'ils font servir à la gloire de leur armée ; cet amalgame des peuples les plus opposés, si les succès le maintiennent, les revers le dissocieront ; à moins que, par hasard, les Gaulois, les Germains * et (on a honte de le dire) beaucoup de Bretons *, qui peuvent

1. Cf. Tac., *Ann.*, 14, 31 (sévices subis par Boudicca et ses filles).

2. Ils pouvaient changer plusieurs fois de maîtres, mais entrés dans la maison d'un maître, ils lui étaient acquis une fois pour toutes, et recevaient de lui leur nourriture.

3. L'Écosse n'était alors que montagnes et pâturages.

4. La révolte de Boudicca, en 61, fut générale et gagna les peuples voisins des Icéniens dont elle était reine ; cf. Tac., *Ann.*, 14, 31, 4 (regret de la liberté perdue).

atque hospitum polluuntur. 2 Bona fortunaeque in tributum, ager atque annus in frumentum, corpora ipsa ac manus siluis ac paludibus emuniendis inter uerbera et contumelias conterunt*ur*. 3 Nata seruituti mancipia semel ueneunt, atque ultro a dominis aluntur ; Britannia seruitutem suam cotidie emit, cotidie pascit. 4 Ac sicut in familia recentissimus quisque seruorum etiam conseruis ludibrio est, sic in hoc orbis terrarum uetere famulatu noui nos et uiles in excidium petimur ; neque enim arua nobis aut metalla aut portus sunt, quibus exercendis reseruemur. 5 Virtus porro ac ferocia subiectorum ingrata imperantibus ; et longinquitas ac secretum ipsum quo tutius, eo suspectius.

« 6 Ita sublata spe ueniae tandem sumite animum, tam quibus salus quam quibus gloria carissima est. 7 Brigantes femina duce exurere coloniam, expugnare castra, ac nisi felicitas in socordiam| uertisset, exuere 61r col. 2
iugum potuere : nos integri et indomiti et libertatem, non paenitentiam *al*laturi, primo statim congressu ostendamus, quos sibi Caledonia uiros seposuerit.

XXXII. « 1 An eandem Romanis in bello uirtutem quam in pace lasciuiam adesse creditis ? nostris illi dissensionibus ac discordiis clari uitia hostium in gloriam exercitus sui uertunt ; quem contractum ex diuersissimis gentibus ut secundae res tenent, ita aduersae dissoluent ; nisi si Gallos et Germanos et (pudet dictu) Britannorum plerosque, licet domina-

2 fortunaeque *E* : fortuna eque *T* fortunae quae E^3*AB* || ageratq. *ET* : aggerat *AB* (ager atque *olim corr. F. Jacob*) || et contumelias *E* : ac c. *AB* || conteruntur *Jacob Froelich* : –terunt *codd.* || 3 cotidie *ET* : quottidie *AB* || 4 etiam *ETA* : *om. B* || 6 carissima *ETA* : cla– *B* || 7 Brigantes *ETA* : Trinobantes *Camden* || expugnare *EA* : et expugnare *B* || libertatem non paenitentiam allaturi *Andresen* : in libertatem non in paenitentiam laturi *codd.* (bellaturi *Woelfflin* < arma > laturi *Wex*) || Caledonia *A* : caly– *ET* cali– *B*.
XXXII, 1 contractum *ETA* : –tactum *B*.

prêter leur sang à la tyrannie de l'étranger, mais qui furent plus longtemps ses ennemis que ses esclaves, ne vous semblent retenus par un fidèle attachement ! Crainte et terreur sont faibles liens d'amitié ; écartez-les ; ceux qui auront cessé de craindre, commenceront à haïr. Tout ce qui encourage à vaincre est pour nous ; les Romains n'ont pas d'épouses pour les enflammer, pas de parents pour leur reprocher la fuite [1] ; beaucoup sont sans patrie, ou d'une autre patrie que Rome. Peu nombreux, désorientés, ne voyant autour d'eux qu'objets inconnus : ce ciel, cette mer et ces bois, ils nous sont livrés par les dieux, comme emprisonnés et ligotés. Ne vous laissez pas effrayer par une vaine apparence, par l'éclat de l'or et de l'argent [2], qui ne protège ni ne blesse. Au milieu des rangs ennemis, nous trouverons des bras à notre service ; les Bretons reconnaîtront leur propre cause ; les Gaulois se rappelleront leur indépendance passée ; comme naguère les Usipiens [3] ont lâché les Romains, tous les autres Germains les abandonneront. Et après cela, plus rien à redouter : des fortins évacués, des colonies de vieillards [4], des municipes affaiblis et désunis ; d'un côté, l'obéissance forcée ; de l'autre, l'injuste tyrannie.

Voici leur chef, voici leur armée [5] ; là-bas sont les impôts, les mines, et les autres châtiments des esclaves ; les souffrir à tout jamais, ou vous venger tout de suite : ce champ de bataille en décidera. Donc, au moment de marcher au combat, pensez à vos ancêtres et à vos descendants. »

Discours d'Agricola aux soldats romains.

XXXIII. Ce discours fut accueilli avec enthousiasme, suivant la coutume barbare, par des grondements, des chants et des clameurs discordantes ; déjà on se mettait en marche, et les armes étincelaient

1. Cf. Tac., *Ann.*, 14, 34, 4 (les femmes assistent au combat).
2. Or et argent des enseignes.
3. Cf. XXVIII, 1.
4. Colonies de vétérans : Camulodunum (Colchester), et Lindum (Lincoln).
5. *Hic* et *ibi* s'opposent comme dans *Ann.*, 15, 50, 6 ; à *ibi*..., correspond *in aeternum perferre* ; à *hic...hic*..., *statim ulcisci*.

tioni alienae sanguinem commodent, diutius tamen hostis quam seruos, fide et adfectu teneri putatis. [2] Metus ac terror sunt infirma uincla caritatis ; quae ubi remoueris, qui timere desierint, odisse incipient. [3] Omnia uictoriae incitamenta pro nobis sunt : nullae Romanos coniuges accendunt, nulli parentes fugam exprobraturi sunt ; aut nulla plerisque patria aut
alia est. [4] Paucos numero| trepidos ignorantia, cae- 61v col 1
lum ipsum ac mare et siluas, ignota omnia circumspectantis, clausos quodam modo ac uinctos di nobis tradiderunt. [5] Ne terreat uanus aspectus et auri fulgor atque argenti, quod neque tegit neque uulnerat. [6] In ipsa hostium acie inueniemus nostras manus. [7] Adgnoscent Britanni suam causam, recordabuntur Galli priorem libertatem : deserent illos ceteri Germani, tamquam nuper Vsipi reliquerunt. [8] Nec quicquam ultra formidinis : uacua castella, senum coloniae, inter male parentis et injuste imperantis aegra municipia et discordantia.

« [9] Hic dux, hic exercitus : ibi tributa et metalla et ceterae seruientium poenae, quas in aeternum perferre aut statim ulcisci in hoc campo est. [11] Proinde ituri in aciem et maiores uestros et posteros cogitate. »

XXXIII. [1] Excepere orationem alacres, ut barbaris moris, fremitu cantuque et clamoribus dissonis ; iamque agmina et armorum fulgores audentissimi

commodent *Puteolanus* : –mendent *codd.* || 2 metus ac terror *EAB* : terror ac metus *T* || sunt *Beroald* : est *codd.* || 3 exprobraturi *A²* : –probaturi *ETAB* || 4 trepidos *Heumann* : circum trepidos *codd.* [circum *fortasse ex* circumspectantis *orto*] locorum trepidos *Anquetil* || siluas *ETA* : –uis *B* || 5 neque.... neque *ETA* : nec ... nec *B* || 7 deserent.... tamquam *E* [*in marg.*] *AB* : tam deserent..... quam *ET* || Vsipi *ETA* : –pii *B* || 8 necquicquam *E* [c *superscr.*] *T* *Puteolanus* : nequicquam *A* nequaquam *B* || senum *ETA* : senium *B* || aegra municipia *EAB* : taetra mancipia *E* [*in marg.*] tetra mancipia *A²* [*in marg.*] || 9 ibi *codd.* : illic *Kritz.*

XXXIII, 1 alacres *codd.* : alacres < atque > *Ritter* alacres < et > *Walther* || fremitu cantuque *ET* : cantu fremituque *AB* || instruebatur *ETB* : institue– *EA* [*in marg.*].

dans l'élan des plus audacieux ; tandis que se formait la ligne de bataille, Agricola, malgré l'entrain du soldat que les retranchements retenaient à grand peine, crut qu'il devait encore l'enflammer, et prononça cette harangue [1] :

« Voici la septième année, camarades, que, sous les vaillants auspices de la souveraineté romaine, grâce à notre loyale action, vous triomphez de la Bretagne. En tant de campagnes, tant de combats, soit qu'il ait fallu du courage contre les ennemis, ou de l'endurance et de l'énergie, je pourrais presque dire contre la nature elle-même, je n'ai pas eu à me plaindre de mes soldats, ni vous de votre chef. Ayant donc poussé plus loin, moi que mes devanciers dans ce commandement, vous que les précédentes armées, nous connaissons l'extrémité de la Bretagne, non plus d'après des rumeurs et par ouï-dire, mais pour y avoir porté notre camp et nos armes ; la Bretagne est découverte et soumise

Oui, souvent, en marche, alors que les marais ou les montagnes et les fleuves vous exténuaient, j'entendais tous les plus vaillants dire : « Quand l'ennemi s'offrira-t-il à nous ? quand allons-nous l'attaquer ? » Ils viennent, débusqués de leurs retraites ; vœux et vaillance ont le champ libre ; vainqueurs, tout nous est favorable ; mais vaincus, tout nous devient contraire. Car si avoir franchi tant de distance, traversé des forêts, passé des estuaires est beau et glorieux quand on va de l'avant, la fuite rendra tout à fait périlleuse la situation aujourd'hui si prospère. Nous n'avons pas en effet la même connaissance des lieux ni la même abondance d'approvisionnements, mais nous avons nos bras et nos armes, et tout est là. Pour ma part, j'ai depuis longtemps arrêté que ni armée ni chef ne trouve sûreté à tourner le dos. Si donc une mort hono-

1. Pour Agricola, Tacite dit *ita disseruit* ; pour Calgacus, *in hunc modum locutus* ; il a imaginé la harangue du chef barbare ; il a pu disposer d'un document pour arranger celle de son beau-père ; mais on sait que les historiens latins ne se souciaient guère d'exactitude dans le libellé de leurs discours ; Tacite a refait dans *Ann.*, 11, 24, le discours de Claude en faveur des Gaulois, dont le texte authentique est gravé sur la Table claudienne de Lyon ; cf. Ph. Fabia, *La Table claudienne de Lyon*, Lyon, 1929.

cuiusque procursu :| simul instruebatur acies, cum 61v col. 2
Agricola quamquam laetum et uix munimentis coercitum militem accendendum adhuc ratus, ita disseruit :

[2] « *Septimus* annus est, commilitones, ex quo uirtute et auspiciis imperii Romani, fide atque opera nostra Britanniam uicistis. [3] Tot expeditionibus, tot proeliis, seu fortitudine aduersus hostis seu patientia ac labore paene aduersus ipsam rerum naturam opus fuit, neque me militum neque uos ducis paenituit. [4] Ergo egressi, ego ueterum legatorum, uos priorum exercituum terminos, finem Britanniae non fama nec rumore, sed castris et armis tenemus : inuenta Britannia et subacta.

« [5] Equidem saepe in agmine, cum uos paludes montesue et flumina fatigarent, fortissimi cuiusque uoces audiebam : Quando dabitur hostis, quando adimus ? Veniunt, e latebris suis extrusi, et uota uirtusque in aperto, omniaque prona uictoribus atque eadem uictis aduersa. Nam ut| superasse tantum itineris, euasisse 62r col. 1
siluas, transisse aestuaria pulchrum ac decorum in frontem, ita fugientibus periculosissima quae hodie prosperrima sunt ; neque enim nobis aut locorum eadem notitia aut commeatuum eadem abundantia, sed manus et arma et in his omnia. [7] Quod ad me attinet, iam pridem mihi decretum est neque exercitus neque ducis terga tuta esse. [8] Proinde et honesta

munimentis *EA* [*in marg.*] *B* : monitis *ETA* || 2 septimus *Acidalius* : octauus *codd.* || uirtute et *codd.* : uirtute < uestra > *Nipperdey* || nostra *codd.* : uestra *Puteolanus* auspiciis imperii Romani uirtute et fide < uestra > atque opera nostra *Urlichs* || 3 neque uos *ETA* : nec uos *B* || 4 inuenta.... subacta *codd.* : *del.* *Urlichs* || 5 montesue et *codd.* : montesque et *Urlichs* montesue aut *Britzelmayr* || uoces *EAB* : –em *T Beroald* || adimus *D. R. Stuart* : animus *codd.* acies *Rhenanus* in manus uenient *Walter* || omniaque *AB* : omnia quae *ET* || 6 euasisse siluas *ET* : siluas euasisse *AB* || transisse *EA* –iisse *B* || in frontem *EB* : in fronte *A* || ita *Rhenanus* : item *codd.* || 8 et honesta.... potior *post* sita sunt *transposuit* *Nipperdey* *deleto* et *ante* incolumitas.

rable est préférable à une vie honteuse, le salut aussi est inséparable de la gloire ; et il n'aura pas été sans éclat de tomber à la frontière même du monde et de la nature.

XXXIV. « Si vous aviez devant vous des peuples nouveaux et des adversaires inconnus, je citerais l'exemple d'autres armées pour vous exhorter ; mais passez en revue vos prouesses, interrogez vos yeux. Voici les gens qui, l'an dernier, ont attaqué une seule de vos légions, à la dérobée, de nuit ; d'un cri, vous les avez défaits [1] ! les gens qui, de tous les Bretons, détalent le plus facilement et qui, pour cette raison, ont survécu si longtemps. Lorsque vous pénétriez dans les forêts et les ravins, les animaux les plus hardis ont foncé sur vous, les poltrons et les impuissants, au seul bruit de votre marche, étaient délogés ; de même, les plus ardents des Bretons sont tombés depuis longtemps ; reste le contingent des lâches et des pleutres. Si vous les avez enfin trouvés, ce n'est pas qu'ils aient fait front, mais ils ont été surpris ; leur situation critique, et, dans leur extrême frayeur, la paralysie les ont ici cloués sur ces positions, pour que vous y donniez le spectacle d'une grande victoire.

Finissez-en avec les expéditions, clôturez cinquante années [2] par une grande journée ; prouvez à l'État que l'armée n'a jamais été responsable ni des lenteurs de la guerre ni des causes de rébellion. »

Dispositif des deux armées.

XXXV. Agricola parlait encore, et déjà l'ardeur des soldats éclatait ; la fin de son discours fut suivie d'un enthousiasme considérable, et aussitôt de toutes parts on courut aux armes. Au milieu de cette ardeur et de cet élan, il établit ce dispositif : l'infanterie auxiliaire, qui comptait huit mille hommes, comme force centrale ; trois mille cavaliers déployés aux ailes ; les

1. Épisode narré au chap. XXVI.

2. Chiffre rond : de 43 à 83 (depuis l'expédition de Claude), le chiffre exact serait 41 années de campagnes. Il n'y a pas lieu de corriger (voir *App. crit.*) *quinquaginta* en *quadraginta* : l'orateur, hyperboliquement, arrondit au chiffre de la dizaine supérieure.

mors turpi uita potior, et incolumitas ac decus eodem loco sita sunt ; nec inglorium fuerit in ipso terrarum ac naturae fine cecidisse.

XXXIV. « 1 Si nouae gentes atque ignota acies constitisset, aliorum exercituum exemplis uos hortarer : nunc uestra decora recensete, uestros oculos interrogate. 2 Hi sunt, quos proximo anno unam legionem furto noctis adgressos clamore debellastis ; hi ceterorum Britannorum fugacissimi ideoque tam diu superstites. 3 Quo modo siluas saltusque penetrantibus fortissimum quodque animal contra ruere, pauida et inertia| ipso agminis sono pellebantur, sic 62r col. 2
acerrimi Britannorum iam pridem ceciderunt, reliquus est numerus ignauorum et metuentium. 4 Quos quod tandem inuenistis, non restiterunt, sed deprehensi sunt ; nouissimae res et extremo metu *t*orpor defixere aciem in his uestigiis, in quibus pulchram et spectabilem uictoriam ederetis.

« 5 Transigite cum expeditionibus, imponite quinquaginta annis magnum diem, adprobate rei publicae numquam exercitui imputari potuisse aut moras belli aut causas rebellandi.

XXXV. 1 Et adloquente adhuc Agricola militum ardor eminebat, et finem orationis ingens alacritas consecuta est, statimque ad arma discursum. 2 Instinctos ruentisque ita disposuit, ut peditum auxilia, quae octo milium erant, mediam aciem firmarent,

XXXIV, 3 quodque *A* [*in marg.*] : quoque *EAB* || ruere *codd.* : ruebant *E* [*in marg.*] –ebat *Andresen* –erat *Urlichs* || pellebantur *codd.* : –luntur *Puteolanus* pelli solent *Wex* pelli solebant *Halm* || et metuentium *E* [*in marg.*] *AB* : demtium *E* dementium et metuentium *T* || 4 restiterunt *ETA* : –tuerunt *B* || nouissimae [–me *A*] res *codd.* : nouissimi < nimirum > *Peter* || extremo metu *codd.* : extremus metus *Schoemann* || torpor *Ritter* : corpora *codd.* torpore *Schoemann* torpidam *Urlichs* torpidi *Peter* || aciem *codd.* : *secl. Gudeman* || 5 imputari *ET* *Puteolanus* : –are *AB* || rebellandi *ETAB* : bellandi *E* [*in marg.*].

XXXV, 2 octo milium *codd.* : octo milia *Puteolanus*.

légions restèrent devant le retranchement : l'éclat de la victoire serait considérable, si l'on combattait sans verser le sang romain, et l'on aurait là une réserve, en cas de recul. L'armée bretonne, pour en imposer et terrifier à la fois, avait pris des positions plus élevées : la première ligne était en terrain plat ; les autres corps de troupes, sur la pente du mont [1], formaient une ligne continue comme dressée en hauteur ; entre les armées, les chars montés remplissaient la plaine de vacarme et d'évolutions [2]. Alors Agricola, devant la supériorité numérique des ennemis *, craignit d'être attaqué à la fois de front et sur ses flancs : il étira ses formations, malgré l'extension qu'allait prendre sa ligne de bataille, et en dépit du conseil que beaucoup lui donnaient de faire avancer les légions ; confiant et ferme en face des difficultés, il renvoya son cheval et se campa debout devant les étendards *.

Bataille. XXXVI. Au début de l'engagement, on combattait de loin ; avec fermeté comme avec adresse, les Bretons se servaient de leurs longues épées et de leurs boucliers courts pour parer ou détourner les javelots de nos soldats, et leurs propres traits pleuvaient en abondance ; puis Agricola invita quatre cohortes de Bataves * et deux de Tongres * à en venir au corps à corps, en pointant de l'épée ; ils y étaient exercés de longue date, et les ennemis y étaient malhabiles, portant de petits boucliers et des épées démesurées ; car les épées sans pointe des Bretons * ne permettaient pas le croisement du fer et le combat rapproché. Aussi dès que les Bataves se mirent à frapper dans la mêlée, à cogner de la bosse de leurs boucliers, à labourer

1. Les découvertes récentes ont permis de suivre l'itinéraire d'Agricola jusqu'au petit plateau isolé d'Inchtuthil, sur la rive septentrionale du Tay, près du confluent du Tay et de l'Isla ; c'est de là que les Romains seraient partis pour livrer la bataille du *Mons Graupius*, au N. ou au N. E. de ce plateau ; cf. G. Macdonald, *art. cit.*, pp. 111 sqq. ; R. Ramsay, dans *Scott. Hist. Rev.*, 1922, p. 283 ; H. C. Nutting, *art. cit.*, pp. 65 sqq.

2. Conformément à la tactique décrite par César (*B. G.*, 4, 33, 1), et par Tacite (*Ann.*, 14, 34, 4).

equitum tria milia cornibus adfunderentur. 3 Legiones
pro uallo stetere, ingens uictoriae decus citra Roma-
num sanguinem bellandi, et auxilium, si pellerentur.
4 Britannorum acies in speciem| simul ac terrorem 62v col. 1
editioribus locis constiterat ita, ut primum agm*en in*
*ae*quo, ceteri per adcliue iugum co*n*exi uelut insur-
gerent ; media campi couinnarius eques strepitu ac
discursu complebat. 5 Tum Agricola superante hos-
tium multitudine ueritus, ne in frontem simul et
latera suorum pugnaretur, diductis ordinibus, quam-
quam porrectior acies futura erat et arcessendas pleri-
que legiones admonebant, promptior in spem et firmus
aduersis, dimisso equo pedes ante uexilla constitit.

XXXVI. 1 Ac primo congressu eminus certabatur ;
simulque constantia, simul arte Britanni ingentibus
gladiis et breuibus caetris missilia nostrorum uitare
uel excutere, atque ipsi magnam uim telorum super-
fundere, donec Agricola quattuor Batauorum cohortis
ac Tungrorum duas cohortatus est, ut rem ad mu-
crones ac manus adducerent ; quod et ipsis uetustate
militiae exercitatum et hostibus inhabile, parua
scuta et enormis gladios gerentibus| ; nam Britan- 62v col. 2
norum gladii sine mucrone complexum armorum et
in a*r*to pugnam non tolerabant. 2 Igitur ut Bataui
miscere ictus, ferire umbonibus, ora fodere, et *s*tra-

3 uictoriae *codd.* : –tori *Peerlkamp* || bellandi *codd.* : –lanti *Rhenanus* || pellerentur *codd.* : –retur *Gessner* || 4 agmen in aequo ceteri *Bekker* : agminae quoceteri *E* [quosteter *E in marg.*] agmine quo ceteri *TAB* agmen aequo ceteri *Rhenanus* || conexi *Nipperdey* : conuexi *codd.* connexi *Puteolanus* || uelut insurgerent *codd.* : uelut insuper urgerent *Köstermann* uelut *secl. Nipperdey* || couinnarius *ETA* : couinarius *B* || eques *codd.* : < et > eques *Rhenanus* || 5 in frontem simul *Froelich Wex* : simul in frontem *codd.* (simul in frontem simul in latera *Cartault*) || latera *ETA* : altera *B*.

XXXVI, 1 caetris *ET* : coetris *A* ce –*B* || quattuor *E* : quatuor *T om. AB* tres *suppl. Rhenanus* || parua.... gerentibus *secl. Wex* || nam.... tolerabant *secl. Haase* || in arto *Fr. Medicis* : in aperto *codd.* || tolerabant *codd.* : tolerant *Muret* || 2 fodere *Gessner* : foedare *ET* fae-*AB*.

les visages, et, après avoir abattu les ennemis alignés dans la plaine, à prendre pied sur les collines, les autres cohortes, dans un fougueux élan d'émulation, massacrèrent tous ceux qui se trouvaient à proximité ; et même, dans la hâte de vaincre, elles en laissaient beaucoup à demi morts ou indemnes. Cependant nos escadrons de cavalerie [1], après avoir mis en fuite les Bretons des chars montés, se jetèrent dans la mêlée des fantassins. Malgré la terreur subite qu'ils y avaient apportée, ils restaient néanmoins empêtrés dans l'épaisseur des bataillons ennemis et les accidents du terrain ; le combat n'avait plus du tout l'aspect d'un combat de cavalerie, car, les hommes, ayant peine à se tenir debout sur la pente, étaient en même temps bousculés par les chevaux, et souvent des chars à la dérive, des chevaux apeurés, sans conducteurs, se précipitaient où leur frayeur les avait emportés, à travers les rangs ou de face.

Victoire.

XXXVII. Cependant ceux des Bretons qui, postés au sommet des collines, n'avaient pas encore participé au combat, et qui, en toute quiétude, méprisaient notre infériorité numérique, commençaient à descendre peu à peu et à tourner par derrière les vainqueurs ; mais redoutant précisément cette manœuvre, Agricola opposait à leur approche quatre corps de cavalerie, qu'il avait réservés pour les besoins imprévus de la bataille [2] ; les assaillants furent mis en fuite et dispersés d'autant plus vivement qu'ils avaient chargé avec plus d'assurance. Ainsi la tactique des Bretons fut retournée contre eux, et les corps de cavalerie, après avoir, sur l'ordre du général, quitté le front de bataille, attaquèrent à revers les lignes ennemies.

1. *Equitum turmae* désigne, semble-t-il, les *equitum tria milia* déployés aux ailes du dispositif romain (XXXV, 2) ; *hostium* (4), comme *hostibus* (1), et *hostium* (XXXVII, 2 et 4), désigne les Bretons ; donc *haerebant*, *intulerant* ont pour sujet les Romains ; *miscuere* ne peut être que le fait des Romains, *fugere* celui des *couinnarii* bretons ; d'où l'addition de *ut*.

2. Omis dans la description de XXXV, 2-3 ; probablement des cavaliers romains, ceux des ailes étant des auxiliaires.

tis qui in aequo adstiterant, erigere in collis aciem coepere, ceterae cohortes aemulatione et impetu conisae proximos quosque caedere : ac plerique semineces aut integri festinatione uictoriae relinquebantur. [3] Interim equitum turmae, *ut* fugere couinnarii, peditum se proelio miscuere. [4] Et quamquam recentem terrorem intulerant, densis tamen hostium agminibus et inaequalibus locis haerebant ; minimeque equestris ei *iam* pugnae facies erat, cum *aegre cliuo in*stante*s* simul equorum corporibus impellerentur ; ac saepe uagi currus, exterriti sine rectoribus equi, ut quemque formido tulerat, transuersos aut obuios incursabant.

XXXVII. [1] Et Britanni, qui adhuc pugnae expertes summa collium insederant et paucitatem nostrorum uacui spernebant, degredi paulatim et| circum- 63r col. 1
ire terga uincentium coeperant, ni id ipsum ueritus Agricola quattuor equitum alas, ad subita belli retentas, uenientibus opposuisset, quantoque ferocius adcucurrerant, tanto acrius pulsos in fugam disiecisset. [2] Ita consilium Britannorum in ipsos uersum, transuectaeque praecepto ducis a fronte pugnantium alae auersam hostium aciem inuasere.

stratis *Ernesti* : tratis *EAB* tractis *T Puteolanus* (foede recti trates uel traces *EA in marg.*) || coepere *ETA* : capere *B* || 3 < ut > fugere *Doederlein* : fugere *codd.* < nam > fugere *Nipperdey* < ubi > fugere *Wex* fugere < enim > *Urlichs Andresen* || couinnarii *EB* : conuinnarii *A* || 4 et *codd.* : set *B. Schulz* || recentem *ETA* : –es *B* || equestris ei E^2A^2 *Andresen* : equestres ea *ETAB* aequa nostris *Anquetil* || iam *Haase Anquetil* : enim *codd.* || aegre cliuo instantes *Schoemann* : aegra [egra *TAB*] diu aut stante *codd.* aegre diu stantes *Brotier* pleno gradu aut stantes *Urlichs* in gradu stantes *Peter* e gradu aut statu *Eussner* in gradu haud stantes *Pichon* aegre regredientes aut stantes *Cartault alia alii* || impellerentur *codd.* : impedirentur *B. Schulz* pellerentur *Eussner*.

XXXVII, 1 expertes *B* : –tis *EA* || uacui *codd.* : *secl. Gudeman* || degredi *ETA* : di– *B* || et *ETA* : ac *B* || circumire *ETA* : circuire *B* || uincentium *ETA* : uicentium *B* || ni *ETA* : in *B* || adcucurrerant *A* [accu– *ET*] : occurrerant *B*.

Alors, en terrain découvert, le spectacle est grandiose et horrible ; on poursuit, on blesse, on fait des prisonniers, et on les égorge quand d'autres se présentent. Voici que les ennemis suivent chacun leur instinct : des groupes en armes tournent le dos devant des adversaires moins nombreux ; certains, sans armes, courent à l'assaut et s'offrent à la mort. Çà et là des armes, des cadavres, des membres mutilés, du sang à terre ; à certains moments, les vaincus eux-mêmes sont pris d'une furie valeureuse ; en effet, aux abords des bois, ils se regroupaient, et, grâce à leur connaissance des lieux, ils encerclaient les imprudents qui venaient les premiers sur leurs pas. Si Agricola, partout présent, n'avait ordonné à des cohortes solides et armées à la légère de faire comme une battue [1], à des cavaliers démontés de parcourir les endroits plus fourrés, et en même temps à la cavalerie de patrouiller dans les clairières, on aurait subi quelque dommage par excès de confiance. Mais lorsque les Bretons virent les Romains formés en bon ordre revenir à leur poursuite, ils prirent la fuite, non plus en troupes, comme auparavant, ni en se retournant pour s'attendre, mais épars et s'évitant les uns les autres ils gagnèrent des refuges éloignés et inaccessibles. La nuit et la satiété mirent fin à la poursuite ; parmi les ennemis il y eut environ dix mille tués ; parmi les nôtres, trois cent soixante tombèrent, entre autres Aulus Atticus [2], préfet d'une cohorte, emporté au milieu des ennemis par son ardeur juvénile et par la fougue de son cheval.

Conséquences de la victoire.

XXXVIII. La nuit en vérité combla les vainqueurs de joie et de butin : les Bretons dispersés, hommes et femmes confondant leurs cris de douleur traînaient leurs blessés, appelaient les indemnes, abandonnaient leurs maisons, ou, de colère, y mettaient eux-

1. Cette comparaison des rabatteurs a été utilisée par César (*B. G.*, 8, 18, 1, *campum uelut indagine insidiis circumdederunt*), et par Tite-Live (7, 37, 14) ; sur *indago*, terme de vénerie, cf. Verg., *Aen.*, 4, 121 : *saltusque indagine cingunt.*

2. N'est cité que dans ce passage.

3 Tum uero patentibus locis grande et atrox spectaculum : sequi, uulnerare, capere, atque eosdem oblatis aliis trucidare. 4 Iam hostium, prout cuique ingenium erat, cateruae armatorum paucioribus terga praestare, quidam inermes ultro ruere ac se morti offerre. 5 Passim arma et corpora et laceri artus et cruenta humus ; est aliquando etiam uictis ira uirtusque. 6 Nam postquam siluis adpropinquauerunt, primos sequentium incautos collecti et locorum gnari circumueniebant. 7 Quod ni frequens ubique Agricola ualidas et expeditas cohortis indaginis modo, et sicubi artiora erant, partem equitum dimissis equis, simul rariores| siluas equite*m* persultar*e* iussisset, 63r col. 2 acceptum aliquod uulnus per nimiam fiduciam foret. 8 Ceterum ubi compositos firmis ordinibus sequi rursus uidere, in fugam uersi, non agminibus, ut prius, nec alius alium respectantes, rari et uitabundi in uicem longinqua atque auia petiere. 9 Finis sequendi nox et satietas fuit ; caesa hostium ad decem milia : nostrorum trecenti sexaginta cecidere, in quis Aulus Atticus praefectus cohortis, iuuenili ardore et ferocia equi hostibus inlatus.

XXXVIII. 1 Et nox quidem gaudio praedaque laeta uictoribus : Britanni palantes mixto uirorum mulierumque ploratu trahere uulneratos, uocare

3 oblatis *ET* *Rhenanus* : ablatis *AB* || 4 ultro ruere *codd.* : ultro < contra > ruere *Halm* || 5 est *Bosius* : et *codd.* || 6 nam *huc transp. Andresen, quod in ET ante* primos *positum est* || primos : *ante hoc uerbum habent* nam *ET* item *B* ntem [*obelo in margine adposito*] *A*, *coni.* identidem *Hutter* iterum *Dronke* tum *Peerlkamp* idem *Goebel alia alii* || gnari *Dronke Urlichs* : ignari *codd.* –ros *Puteolanus* || 7 frequens *ETA* : infrequens *B* || *post* modo *lacunam notauit et* instruxisset *suppleuit Nipperdey* || equitem persultare *Rhenanus* : equite persultari *ETA* equites perlustrari *B* equitem perlustrare *Urlichs* equitem perscrutari *Cornelissen Halm* || 8 uersi *ET Puteolanus* : uersis *AB* || nec alius *codd.* : sed alius *Acidalius* || rari *codd.* : < sed > rari *Bipontini* || 9 satietas *ETA* : sauetas *B* || caesa *codd.* : –si *Ritter* || in quis *ETA* : in queis *B* || Aulus *ETA* : A. *B*.

XXXVIII, 1 Britanni *ET Puteolanus* : Britannique *AB* || mixto *ET* : mixtoque *AB*.

mêmes le feu, choisissaient des refuges et les quittaient aussitôt ; ils se concertaient pour prendre des résolutions, puis agissaient isolément ; la vue de leurs êtres chers parfois les abattait, plus souvent les exaspérait ; et — fait avéré — certains attentèrent à la vie de leurs femmes et de leurs enfants, dans une intention de pitié [1]. Le jour suivant découvrit plus largement le visage de la victoire : partout une solitude silencieuse, des collines désertées, des toits fumants dans le lointain, pas un homme sur le chemin de nos éclaireurs ; leurs reconnaissances, envoyées de tous côtés, établirent que les traces des fuyards étaient sans direction précise, et que les ennemis ne se regroupaient nulle part ; en outre l'été déjà passé ne permettant pas de disperser les opérations, Agricola ramena l'armée sur le territoire des Borestes [2]. Là il reçut des otages et ordonna au commandant de la flotte de contourner la Bretagne [3] ; des forces lui furent données pour cette croisière, que la terreur avait précédée ; de son côté, Agricola déplaça l'infanterie et la cavalerie à petites journées, pour effrayer par la lenteur même de ce déplacement les esprits des peuples nouvellement soumis, puis il les installa dans les quartiers d'hiver *. En même temps, la flotte, favorisée par le temps et par la renommée, mouilla dans le port de Truccule *, d'où elle était partie pour y revenir après avoir rangé la côte bretonne avoisinante.

Défiance de Domitien. XXXIX. Cette marche des événements, qu'aucune vantardise n'amplifiait dans les lettres d'Agricola, Domitien pourtant, l'apprit suivant sa manière, la joie au front, l'inquiétude au cœur. Il avait conscience du ridicule encore récent de son faux triomphe sur les Germains : n'avait-on pas acheté des hommes sur le marché pour les travestir par le vêtement et la chevelure en prisonniers * ! Mais à présent, pensait-il, une vraie et grande victoire,

1. Cf. remarque semblable à propos des Germains, Tac., *Germ.*, 8,1.
2. D'après le contexte, devaient habiter entre les Grampians et la ligne Clyde-Forth (région des Sidlaw ou Ochil Hills).
3. *Circumuehi Britanniam* ne désigne pas seulement une croisière le long des côtes, mais une circumnavigation ; cf. X, 5 ; Dio Cass., 66, 20 ; l'insularité de la Bretagne fut ainsi démontrée.

integros, deserere domos ac per iram ultro incendere, eligere latebras et statim relinquere ; miscere in uicem consilia aliqua, dein separare ; aliquando frangi aspectu pignorum suorum, saepius concitari. [2] Satisque constabat saeuisse quosdam in coniuges ac liberos, tamquam misererentur. [3] Proximus dies faciem uictoriae latius aperuit : uastum ubique| si- 63ᵛ col. 1
lentium, secreti colles, fumantia procul tecta, nemo exploratoribus obuius. [4] Quibus in omnem partem dimissis, ubi incerta fugae uestigia neque usquam conglobari hostis compertum (et exacta iam aestate spargi bellum nequibat), in finis Borestorum exercitum deducit. [5] Ibi acceptis obsidibus, praefecto classis circumuehi Britanniam praecipit ; datae ad id uires, et praecesserat terror. [6] Ipse peditem atque equites lento itinere, quo nouarum gentium animi ipsa transitus mora terrerentur, in hibernis locauit. [7] Et simul classis secunda tempestate ac fama Trucculensem portum tenuit, unde *profecta* proximo Britanniae latere lecto omni redierat.

XXXIX. [1] Hunc rerum cursum, quamquam nulla uerborum iactantia epistulis Agricolae auctum, ut erat Domitiano moris, fronte laetus, pectore anxius excepit. [2] Inerat conscientia derisui fuisse nuper falsum e Germania triumphum, emptis per commercia, quorum habitus et crinis in captiuorum speciem formarentur : at nunc| ueram magnamque uictoriam 63ᵛ col. 2

3 secreti *codd.* : deserti *Ernesti sed cf. Ann. 14, 22* || 4 neque *ETA* : nec *B* || Borestorum *codd.* : Ho– *Puteolanus* || deducit *ETAB* : re– *E* [*in marg.*] || 5 praefecto *ETA* : pro– *B* || 6 terrerentur *ETA* : terrentur *B* || 7 Trucculensem *ETA* : trutulensem *E* [*in marg.*] trutulens est *B* || profecta *add. Henrichsen* || proximo < anno > *Madvig* || lecto *E* [*in marg.*] *AB* : prelecta *E* prelecto *T* || redierat *codd.* : rediret [*uel* reditura erat] *Madvig.*

XXXIX, 1 auctum *Juste Lipse* : actum *codd.* || ut erat Domitiano moris *ET* [*in marg.*] : ut Domitiano moris erat *A* ut erat Domitianus *ET* ut Domitianus erat *B* || excepit *Puteolanus* : excipit *ETA* caepit *B* || 2 crines *Puteolanus* : — nis *codd.* || formarentur *ETA* : –rent *B*.

après que des ennemis par milliers avaient été massacrés, était célébrée à grand bruit. Voilà ce qu'il jugeait le plus redoutable : le nom d'un particulier élevé plus haut que celui de l'empereur ; à quoi bon avoir réduit au silence l'activité du forum et rabaissé les arts libéraux, si un autre s'emparait de la gloire militaire ? les autres infériorités, après tout, étaient assez faciles à masquer, mais le mérite de grand capitaine était prérogative impériale. Travaillé par de tels soucis, et après s'être rassasié d'isolement (indice d'une sinistre pensée), il décida que le mieux pour le moment était de renfermer sa haine, jusqu'à ce que l'empressement de la renommée et la faveur de l'armée vinssent à se refroidir ; car Agricola commandait encore en Bretagne.

Rappel d'Agricola. XL. Domitien lui fait donc décerner par le Sénat les ornements des triomphateurs [1], l'honneur d'une statue laurée [2] et tout ce qu'on accorde au lieu du triomphe *, le tout rehaussé de nombreux compliments, et de façon, en outre, à laisser croire qu'on lui destine la province de Syrie, alors vacante par la mort du consulaire Atilius Rufus *, et réservée à des personnages de marque. Beaucoup ont cru qu'un affranchi des services secrets fut dépêché vers Agricola, porteur de la pièce officielle lui attribuant la Syrie, avec ordre de la lui remettre s'il était en Bretagne ; que cet affranchi ayant rencontré Agricola dans le détroit de l'Océan *, ne lui adressa même pas la parole, et revint près de Domitien : l'histoire est-elle vraie ? ou bien a-t-elle été, conformément au caractère de l'empereur, forgée de toutes pièces et arrangée ? Cependant Agricola avait passé à son successeur * la province paisible et sûre. Et pour empêcher que l'affluence de la foule accourant au-devant de lui n'attirât l'attention sur sa rentrée, évitant les hommages de ses amis, il arriva de nuit à Rome, de nuit au Palais, comme il en avait reçu l'ordre ; accueilli par un baiser rapide, sans un mot, il resta confondu dans

1. Toge de pourpre brodée d'or, tunique ornée de palmes, couronne de laurier.

2. *Illustris statua*, appelée aussi *triumphalis* ou *laureata*.

tot milibus hostium caesis ingenti fama celebrari. [3] Id sibi maxime formidolosum, priuati hominis nomen supra principem attolli : frustra studia fori et ciuilium artium decus in silentium acta, si militarem gloriam alius occuparet ; cetera utcumque facilius dissimulari, ducis boni imperatoriam virtutem esse. [4] Talibus curis exercitus, quodque saeuae cogitationis indicium erat, secreto suo satiatus, optimum in praesentia statuit reponere odium, donec impetus famae et fauor exercitus languesceret : nam etiam tum Agricola Britanniam obtinebat.

XL. [1] Igitur triumphalia ornamenta et inlustris statuae honorem et quidquid pro triumpho datur, multo uerborum honore cumulata, decerni in senatu iubet addique insuper opinionem, Suriam prouinciam Agricolae destinari, uacuam tum morte Atilii Rufi consularis et maioribus reseruatam. [2] Credidere plerique libertum ex secretioribus ministeriis missum| ad Agricolam codicillos, quibus ei Suria 64r col. 1
dabatur, tulisse, cum eo praecepto ut, si in Britannia foret, traderentur ; eumque libertum in ipso freto Oceani obuium Agricolae, ne appellato quidem eo, ad Domitianum remeasse, siue uerum istud, siue ex ingenio principis fictum ac compositum est. [3] Tradiderat interim Agricola successori suo prouinciam quietam tutamque. [4] Ac ne notabilis celebritate et frequentia occurrentium introitus esset, uitato amicorum officio noctu in urbem, noctu in Palatium, ita ut praeceptum erat, uenit ; exceptusque breui osculo et nullo sermone turbae seruientium inmixtus est.

3 principem *ET Nipperdey* : –pis *AB* || cetera *ET Wex* : et caetera *AB* || 4 quodque E^{2}*TA* : quoque *E* quodue *B* || exercitus *ETA* : excitus *B* || nam..... obtinebat *spuria habebat Nipperdey*.

XL, 1 addique *codd.* : –ditque *Muret* || Atilii *edd.* : Atilli *ET* Atili *A* Actilii *B* || 2 ei *ETA* : eis *B* || cum eo *ET* : cum *AB* || Britannia *Puteolanus* : Britanniam *codd.* Britannia etiam *Halm* || 4 turbae *ETA* : *om. B*.

la foule des courtisans. D'ailleurs, pour tempérer par d'autres vertus une gloire militaire, qui pesait à un milieu d'oisifs, il s'enfonça dans le calme et la retraite, modeste en son train de vie, affable en ses propos, ayant pour toute escorte un ou deux amis, si bien que beaucoup, habitués à juger des grands hommes d'après le faste extérieur, après avoir vu et considéré Agricola, cherchaient la cause de sa renommée, et que peu la comprenaient.

Hostilité de Domitien. XLI. Souvent, à cette époque [1], il fut, en son absence, accusé devant Domitien et, en son absence, absous. Ces périls n'avaient pour cause aucun grief précis, ni la plainte de quelque personne lésée, mais l'animosité du prince contre les mérites, la gloire du héros et sa plus dangereuse ennemie, la louange. En effet survinrent dans l'empire des circonstances qui ne permettaient pas de ne point parler d'Agricola : tant d'armées perdues en Mésie et en Dacie, en Germanie et en Pannonie [2], par la témérité ou la pusillanimité des généraux, tant d'hommes de guerre avec tant de cohortes emportés d'assaut et faits prisonniers ; et ce n'était plus maintenant la frontière de l'empire et la rive d'un fleuve *, mais les quartiers d'hiver des légions et notre domaine qui étaient mis en question. Ainsi les pertes succédant aux pertes, et chaque année étant marquée par des trépas et des revers, la voix publique réclamait Agricola comme général, car tous comparaient son énergie, sa persévérance et sa valeur éprouvée dans les guerres avec la mollesse et la poltronnerie de tous les autres. Il est constant que ces propos retentirent jusqu'aux oreilles de Domitien, répétés par ses affranchis, dont les meilleurs par attachement et par fidélité, les pires par méchanceté et par envie, aigrissaient son caractère naturellement enclin au mal. Ainsi Agricola était par ses propres vertus comme par les vices d'autrui précipité en pleine gloire.

1. Entre le retour d'Agricola (84) et les revers de Mésie (hiver 85-86).

2. Suivant l'ordre chronologique : 1° hiver 85-86, invasion de la Mésie par les Daces ; 2° en 86, désastre de Cornélius Fuscus en Dacie ; 3° en 89, revers contre les Marcomans ; 4° en 92, les Jazyges massacrent une légion de Pannonie.

[5] Ceterum uti militare nomen, graue inter otiosos, aliis uirtutibus temperaret, tranquillitatem atque otium penitus hausit, cultu modicus, sermone facilis, uno aut altero amicorum comitatus, adeo uti plerique, quibus magnos uiros per ambitionem aestimare mos est, uiso aspectoque Agricola quaererent famam, pauci interpretarentur.

XLI. [1] Crebro per eos dies apud Domitianum absens accusatus, absens absolutus est. [2] Causa periculi non crimen ullum aut querela laesi cuiusquam, sed infensus uirtutibus princeps et gloria uiri ac pessimum inimicorum genus, laudantes. [3] Et| ea insecuta sunt 64r co
rei publicae tempora, quae sileri Agricolam non sinerent : tot exercitus in Moesia Daciaque et Germania et Pannonia temeritate aut per ignauiam ducum amissi, tot militares uiri cum tot cohortibus expugnati et capti ; nec jam de limite imperii et ripa, sed de hibernis legionum et possessione dubitatum. [4] Ita cum damna damnis continuarentur atque omnis annus funeribus et cladibus insigniretur, poscebatur ore uulgi dux Agricola, comparantibus cunctis uigorem, constantiam et expertum bellis animum cum inertia et formidine ceterorum. [5] Quibus sermonibus satis constat Domitiani quoque auris uerberatas, dum optimus quisque libertorum amore et fide, pessimi malignitate et liuore pronum deterioribus principem exstimulabant. [6] Sic Agricola simul suis uirtutibus, simul uitiis aliorum in ipsam gloriam praeceps agebatur.

5 ceterum uti *codd.* : ceterum ut *Puteolanus* || hausit *Wex* : auxit *codd.*

XLI, 3 Moesia *E* : Me– *T* Mi– *AB* || tot *E* [*in marg.*] *AB* : totis *ET* || possessione *ETA* : –num *B* || 4 constantiam *ETA* : et constantiam *B* || ceterorum *Grotius* : eorum *codd.* aliorum *Bipontini Andresen* priorum *Nolte, lacunam notauit Bach quam his uerbis* eorum < quibus exercitus committi solerent > *Halm suppleuit* || 5 deterioribus principem *EAB* : *om.* *T* || 6 in ipsam gloriam *codd.* : ipsa gloria *Madvig* inter ipsam gloriam *Baehrens.*

Modération d'Agricola. XLII. C'était maintenant l'année où il devait tirer au sort le proconsulat d'Afrique ou d'Asie [1] ; le meurtre récent de Civica [2] n'était pas sans offrir un avertissement pour Agricola et un précédent pour Domitien. Quelques confidents de l'empereur vinrent trouver Agricola pour lui demander, prenant les devants, s'il irait dans une province. Et d'abord, sans se démasquer, ils vantent le repos et la retraite, puis ils offrent leur concours pour faire agréer son refus, enfin sans ambages, usant à la fois de la persuasion et de la menace, ils l'entraînèrent devant Domitien. Celui-ci, dissimulateur accompli, prenant des airs supérieurs, écouta sa supplique, et, après avoir agréé son refus, il souffrit ses remerciements et ne rougit pas d'accorder une faveur si odieuse ; cependant il ne lui donna pas les honoraires [3] offerts d'habitude aux proconsuls et accordés par lui-même à certains, soit par ressentiment de n'en avoir pas reçu la demande, soit pour ne pas avoir l'air d'avoir acheté le refus qu'il avait imposé. Il est dans la nature humaine de haïr ceux qu'on a lésés : or le caractère de Domitien était prompt à la colère, et d'autant plus implacable qu'il était plus dissimulé ; il était pourtant adouci par la modération et la sagesse d'Agricola, qui ne défiait la renommée et la destinée ni par esprit d'indépendance ni par vaine fanfaronnade *. Qu'ils sachent, les admirateurs habituels de la révolte, que même sous de mauvais princes il peut y avoir des grands hommes, et que la soumission et la réserve, si l'activité et l'énergie s'y ajoutent, s'élèvent au degré de gloire où beaucoup, suivant des voies abruptes, mais sans avantage pour l'État, ont atteint par l'éclat d'une mort tapageuse.

Mort d'Agricola. XLIII. Sa fin affligeante pour nous *, attristante pour ses amis, ne laissa pas insensibles même ceux qui n'étaient

1. Tiré au sort chaque année entre les deux plus anciens consulaires.

2. C. Vettulénus Civica Cérialis fut mis à mort par ordre de Domitien, pendant son proconsulat en Asie (Suet., *Dom.*, 10).

3. Somme accordée comme compensation à ceux qui avaient refusé le gouvernement d'une province ; cf. Dio Cass., 78, 22, 5.

XLII. 1 Aderat iam annus, quo proconsulatum Africae et Asiae sortiretur, et occiso Ciuica nuper nec Agricolae consilium deerat nec Domitiano exemplum. 2 Accessere quidam cogitationum principis periti, qui iturusne esset in prouinciam ultro Agricolam interrogarent. 3 Ac| primo occultius quietem 64v col. 1
et otium laudare, mox operam suam in adprobanda excusatione offerre, postremo non *iam* obscuri suadentes simul terrentesque pertraxere ad Domitianum. 4 Qui paratus simulatione, in adrogantiam compositus, et audiit preces excusantis et, cum adnuisset, agi sibi gratias passus est, nec erubuit beneficii inuidia ; salarium tamen proconsulare solitum offerri et quibusdam a se ipso concessum Agricolae non dedit, siue offensus non petitum, siue ex conscientia, ne quod uetuerat uideretur emisse. 5 Proprium humani ingenii est odisse quem laeseris : Domitiani uero natura praeceps in iram, et quo obscurior, eo inreuocabilior, moderatione tamen prudentiaque Agricolae leniebatur, quia non contumacia neque inani iactatione libertatis famam fatumque prouocabat. 6 Sciant quibus moris est inlicita mirari, posse etiam sub malis principibus magnos uiros esse, obsequiumque ac modestiam, si industria ac uigor adsint, eo laudis excedere, quo plerique| per abrupta 64v col. 2
sed in nullum rei publicae usum ambitiosa morte inclaruerunt.

XLIII. 1 Finis uitae eius nobis luctuosus, amicis

XLII, 3 non iam *Rhenanus* : non tam *codd.* || 4 excusantis *codd.* : < se > excusantis *Gudeman* || proconsulare *E* [*sed* i *supra* e *scr.*] *T* : –ri *AB* proconsuli consulari *Mommsen* || 6 moris est illicita mirari *EAB* : illicita mirari moris est *T* || eo laudis... quo *codd.* : eorum laudes... qui *Wex* || excedere *codd.* : escendere *Juste Lipse* || per abrupta sed *codd.* : per abrupta < enisi > sed *Heumann* per abrupta < enisi > [sed *deleto*] *Heraeus* || in nullum *A* [*in marg.*] : in ullum *ETAB* || reipublicae *T* : rep̄ *EA* [*in marg.*] rei post *EAB* || usum *codd.* : usum < enisi > *Schoemann* usum < nisi > *Furneaux*,

pas de ses proches ou de ses connaissances ; la foule aussi et le peuple de Rome, malgré son indifférence, vint fréquemment devant sa demeure, et parla de lui sur les places et dans les groupes ; à la nouvelle de la mort d'Agricola, personne ne s'en réjouit, personne ne s'empressa de l'oublier. La commisération était accrue par le bruit généralement admis que le poison l'avait supprimé ; parce que nous n'avons aucune preuve, je n'oserais rien affirmer [1]. Mais pendant toute sa maladie, plus fréquemment qu'il n'est ordinaire aux princes, l'empereur le fit visiter par ses affranchis les plus importants et ses médecins les plus intimes, soit sollicitude, soit espionnage. En tout cas, le dernier jour, les phases successives de l'agonie lui étaient annoncées — fait certain — par des relais de coureurs ; or nul ne croyait tant de hâte possible pour une nouvelle qui l'eût attristé. Cependant il afficha l'apparence du chagrin sur sa physionomie, tranquille désormais sur l'objet de sa haine, et capable de dissimuler sa joie plus facilement que sa crainte. Il était constant qu'à la lecture du testament par lequel Agricola institua Domitien son héritier [2] avec la meilleure des épouses et la plus affectionnée des filles, celui-ci se réjouit comme d'un hommage et d'une marque d'estime. Si aveugle était son esprit et si corrompu par d'incessantes flatteries qu'il ignorait qu'un bon père ne fait héritier qu'un mauvais prince.

Résumé biographique et portrait d'Agricola.

XLIV. Agricola était né sous le troisième consulat de Caïus César [3], le 13 juin ; il mourut dans sa cinquante-quatrième année, le 23 août, sous le consulat de Colléga et de Priscinus [4]. La postérité voudra-t-elle connaître aussi son extérieur ? Il avait plus de

1. Plus affirmatif, Dion Cassius (66, 20) dit que Domitien jaloux finit par lui ôter la vie.

2. On léguait une part de ses biens à l'empereur pour sauver le reste ; cf. Tac., *Ann.*, 14, 31, 1 ; 16, 11, 2 ; 2, 48, 2 ; Suet., *Dom.*, 9.

3. C.-à-d. de Caligula, en 40 ; cf. Suet., *Calig.*, 17.

4. En 93 ; un diplôme militaire trouvé en 1909 donne les noms exacts des consuls pour l'année 93 : Sex. Pompeius Collega et Q. Peducaeus Priscinus (Dessau, 9059). Né le 13 juin 40, Agricola entra dans sa 54e année le 13 juin 93.

tristis, extraneis etiam ignotisque non sine cura fuit ; uulgus quoque et hic aliud agens populus et uentitauere ad domum et per fora et circulos locuti sunt ; nec quisquam audita morte Agricolae aut laetatus est aut statim oblitus. [2] Augebat miserationem constans rumor ueneno interceptum : nobis nihil comperti adfirmare ausim. [3] Ceterum per omnem ualetudinem eius crebrius quam ex more principatus per nuntios uisentis et libertorum primi et medicorum intimi uenere, siue cura illud siue inquisitio erat. [4] Supremo quidem die momenta ipsa deficientis per dispositos cursores nuntiata constabat, nullo credente sic adcelerari quae tristis audiret. [5] Speciem tamen doloris animi uultu prae se tulit, securus iam odii et qui facilius dissimularet gaudium quam metum. [6] Satis constabat lecto testamento Agricolae, quo
coheredem optimae| uxori et piissimae filiae Domi- 65r col. 1
tianum scripsit, laetatum eum uelut honore iudicioque. [7] Tam caeca et corrupta mens adsiduis adulationibus erat, ut nesciret a bono patre non scribi heredem nisi malum principem.

XLIV. [1] Natus erat Agricola Gaio Caesare ter*tium* consule idibus Iuniis : excessit *quar*to et quinquagesimo anno, decumo kalendas Septembris Collega Prisc*in*oque consulibus. [2] Quod si habitum quoque eius posteri noscere uelint, decentior quam sublimior

XLIII, 1 oblitus *Muret* : oblitus est *codd.* || 2 augebat *codd.* : < et > augebat *Wex* || nobis *codd.* : quamuis *Peter* || nobis nihil comperti *om.* *T* || *post* comperti *lacunam temere statuit Nipperdey*, quod *add. Acidalius* aut quod *Ritter* ut *Wex* || 3 principatus *codd.* : –cipis *Muret* || uisentis *ETA* : uiseritis *B* || libertorum primi et medicorum intimi *codd.* : l. intimi et m. primi *Ernesti* || 4 dispositos *EAB* : *om.* *T* || constabat *ET Rhenanus* : –bant *AB* || 5 animi uultu *Baehrens Furneaux* : animo uultuque *codd.* ore uultuque *Halm* habitu uultuque *Ernesti* nimii uultu *Stuart*.

XLIV, 1 tertium *Juste Lipse* : ter *codd.* iterum *Nipperdey* || quarto *Petauius* : sexto *codd.* quinto *Nipperdey* || Priscino *cf. Dessau 9059* : Prisco *codd.*

dignité que de majesté ; rien de passionné dans le regard ; une physionomie pleine d'agrément. On le prenait aisément pour un homme de bien, volontiers pour un grand homme. Si l'homme a été enlevé à un âge qui n'est que la moitié de toute une vie, pour ce qui est de la gloire, il a parcouru la plus longue carrière. En effet il avait acquis la plénitude des vrais biens qui résident dans les vertus, et, après l'avoir pourvu du consulat [1] et des ornements du triomphe [2], de quel autre bien la fortune aurait-elle pu le combler ? Une richesse excessive n'était pas son idéal ; une richesse décente lui était échue. Au bonheur qu'il eut de mourir avant sa fille et sa femme, on peut ajouter celui d'avoir échappé à l'avenir en gardant son honneur intact, sa renommée florissante, ses proches et ses amis sains et saufs. En effet, s'il ne lui a pas été permis de subsister jusqu'à l'aurore de ce siècle bienheureux et de voir le principat de Trajan [3] que ses pressentiments et ses vœux présageaient devant nous, il eut, dans sa mort prématurée, ce grand dédommagement d'échapper à cette fin de règne trop fameuse [4], où Domitien mit à bout les forces de l'État romain, sans lui laisser ni trêves ni moments de répit, mais en le frappant sans arrêt, comme dans un seul accès.

Avantages d'une mort opportune.

XLV. Non, Agricola n'a pas vu la curie assiégée, le sénat investi d'hommes en armes et dans le même carnage tant de consulaires massacrés [5], tant de femmes très illustres exilées et fugitives [6]. Carus Métius n'avait encore à son actif qu'une seule victoire *, les arrêts de Messalinus * ne retentissaient qu'à l'intérieur du palais albain *, et Massa Baebius * n'était alors qu'un

1. Cf. IX, 9.
2. Cf. XL, 1.
3. Mort de Nerva et avènement de Trajan : janvier 98.
4. Entre la mort d'Agricola (23 août 93) et celle de Domitien (18 septembre 96).
5. Cf. Suet., *Dom.*, 10, 11, 15.
6. Par ex. Gratilla, femme d'Arulénus Rusticus ; Arria, femme de Thraséa ; Fannia, femme d'Helvidius Priscus ; cf. Tac., *Hist.*, 1, 3, 2 ; Plin., *Ep.*, 3, 11, 6 ; 7, 19, 4 ; 9, 13, 5.

fuit : nihil impetus in uultu : gratia oris supererat. 3 Bonum uirum facile crederes, magnum libenter. Et ipse quidem, quamquam medio in spatio integrae aetatis ereptus, quantum ad gloriam, longissimum aeuum peregit ; quippe et uera bona, quae in uirtutibus sita sunt, impleuerat, et consulari ac triumphalibus ornamentis praedito quid aliud adstruere fortuna poterat ? 4 Opibus nimiis non gaudebat, speciosae contigerant. 5 Filia atque uxore superstitibus potest uideri etiam beatus incolumi dignitate, florente fama, saluis adfinitatibus et amicitiis futura effugisse.| 6 Nam sicut ei *non licuit* durare in hanc 65r col. 2
beatissimi saeculi lucem ac principem Traianum uidere, quod augurio uotisque apud nostras auris ominabatur, ita festinatae mortis grande solacium tulit euasisse postremum illud tempus, quo Domitianus non iam per interualla ac spiramenta temporum, sed continuo et uelut uno ictu rem publicam exhausit.

XLV. 1 Non uidit Agricola obsessam ~~curiam~~ et clausum armis senatum et eadem strage tot consularium caedes, tot nobilissimarum feminarum exilia et fugas. 2 Vna adhuc uictoria Carus Metius censebatur et intra Albanam arcem sententia Messalini strepebat,

2 impetus *ETA* : metus *ETA* [*in marg.*] metus et impetus *B* || supererat *ETA* : superat *B* || 3 sita sunt *ETA* : sita *B* || 4 contigerant *EA* [*in marg.*] : non contigerant *EA* non contingerant *B* || 5 filia..... superstitibus *post* fama *posuit Doederlein*, *post* amicitiis *Urlichs* ; *totum hunc locum Gudeman sic disposuit* : peregit ; opibus..... non contigerant. Quippe..... praedito quid aliud... poterat, filia..... superstitibus : potest... || 6 sicut ei < non licuit > durare *Dahl* : sicuti durare *codd.* sicut iuuaret *Müller* < nou contigit > *post* uidere *suppleuit Schütz alia alii* || hanc..... lucem *Acidalius* : hac.... luce *codd.* || quod *codd.* : *secl. Rhenanus* quodam *Bipon ini* quondam *Ritter* quandoque *Haase* || grande *codd.* : graue *EA* [*in marg.*] || uelut *oodd.* : uel *E* [*in marg.*] || ictu *codd.* : hiatu *Peerlkamp.*

XLV, 1 clausum *B* : clusum *ETA* || 2 Carus Metius *Rhenanus* : carus Mitius [Mettius *in marg.*] *ET* charus mitius *A* clarus mitius *B*.

accusé. C'est dans la suite que nos propres mains ont traîné Helvidius [1] en prison, que nous avons arraché l'un à l'autre Mauricus et Rusticus [2], que Sénécion [3] nous a couverts de son sang innocent. Néron du moins détourna les yeux et ordonna des crimes sans en être le spectateur * ; sous Domitien, les plus grands de nos malheurs étaient de voir et d'être vus, alors que nos soupirs étaient notés, et que, pour signaler aux délateurs la pâleur de tant d'assistants, il n'avait besoin que de ce regard et de cette rougeur dont il s'armait contre la honte *.

Heureux Agricola, dont la vie fut éclatante et dont la mort aussi fut opportune ! Ceux qui assistèrent à tes derniers entretiens l'attestent : l'instant fatal te trouva ferme et satisfait, comme si tu avais voulu, pour ta part, décharger l'empereur de tout crime. Mais pour ta fille et pour moi, outre la douleur d'avoir perdu un père, notre affliction s'accroît de n'avoir pas eu le bonheur de l'assister dans sa maladie, de soutenir ses forces défaillantes, de nous rassasier de le voir et de l'embrasser. Nous eussions du moins recueilli ses volontés et ses paroles, pour les graver au fond de notre cœur. Voilà notre chagrin, notre blessure : l'avoir perdu, par le fait d'une si longue absence, quatre ans plus tôt *. Sans doute, ô le meilleur des pères, la présence de la plus aimante des épouses a tout prodigué pour t'honorer ; cependant plus de larmes auraient pu te pleurer, et en s'ouvrant à la lumière pour la dernière fois tes yeux ont regretté une absence.

Invocation au défunt ; exhortation à suivre son exemple.

XLVI. S'il est un séjour pour les mânes des hommes de devoir, si, comme le veulent les philosophes, les grandes âmes ne s'éteignent pas avec le corps, repose en paix, et nous,

1. Helvidius Priscus, fils d'Helvidius Priscus cité en II, 1 ; il fut mis à mort pour avoir fait allusion à Domitien dans un « exode » comique ; cf. Suet., *Dom.*, 10 ; Plin., *Ep.*, 7, 30, 4 ; 9, 13, 1.

2. C.-à-d. Arulénus Rusticus (cf. II, 1) et son frère Mauricus. Junius Mauricus fut banni et rappelé par Nerva (cf. Plin., *Ep.*, 3, 11, 3 ; 4, 22, 3) ; Arulénus Rusticus fut mis à mort en 93 ou après (cf. II, 1).

3. Cf. II, 1.

et Massa Baebius etiam tum reus erat ; mox nostrae duxere Heluidium in carcerem manus ; nos Mauricum Rusticumque *di*uis*i*mus, nos innocenti sanguine Senecio perfudit. [3] Nero tamen subtraxit oculos suos iussitque scelera, non spectauit : praecipua sub Domitiano miseriarum pars erat uidere et aspici, cum suspiria nostra subscriberentur, cum denotandis tot hominum palloribus| sufficeret saeuus ille uultus et rubor, 65v col. 1 quo se contra pudorem muniebat.

[4] Tu uero felix, Agricola, non uitae tantum claritate, sed etiam opportunitate mortis. [5] Vt perhibent qui interfuere nouissimis sermonibus tuis, constans et libens fatum excepisti, tamquam pro uirili portione innocentiam principi donares. [6] Sed mihi filiaeque eius praeter acerbitatem parentis erepti auget maestitiam, quod adsidere ualetudini, fouere deficientem, satiari uultu complexuque non contigit. [7] Excepissem*us* certe mandata uocesque, quas penitus animo figeremus. [8] Noster hic dolor, nostrum uulnus, nobis tam longae absentiae condicione ante quadriennium amissus est. [9] Omnia sine dubio, optime parentum, adsidente amantissima uxore superfuere honori tuo : paucioribus tamen lacrimis comploratus es, et nouissima in luce desiderauere aliquid oculi tui.

XLVI. [1] Si quis piorum manibus locus, si, ut sapien-

etiam tum *ET J. Fr. Gronov* : iam tum *A* tum *B* nondum *Gudeman* || arcem *codd.* : uillam *ETA* [*in marg.*] || Baebius *edd.* : Be– *EA* Boe– *B* || Mauricum Rusticumque diuisimus *A*[2] : Maurici Rusticique uisus *codd. unde* uisus < horrore > *Henrichsen* uisus < fcedauit > *Furneaux* || Senecio *edd.* : –tio *codd.* || 3 palloribus *codd.* : pallore oribus *Wex* || quo *Juste Lipse* : a quo *codd.* || 5 perhibent *Puteolanus* : –berent *codd.* || interfuere *ET* : –erunt *AB* || portione *ETA* : –em *B* || contigit *EAB* : –tingit *T* || 7 excepissemus *Acidalius Pichena* : –pissem *codd.* || figeremus *ETAB* : pingeremus *ET* [*in marg.*] *A*[2] || 8 tam *TA* : tum *E* [*sed* a *superscr.*] *A* [*in marg.*] || longae *T* : longe [a *superscr.*] *E* longa [e *superscr.*] *A* nostrae *B* || quadriennium *codd.* : triennium *Urlichs* || amissus est *codd.* : amissus es *Rhenanus* || 9 comploratus es *ETAB* : compositus es *EA* [*in marg.*].

ta famille, nous arrachant aux regrets débiles et aux lamentations féminines, convie-nous à la contemplation de tes vertus, que profaneraient des pleurs et des sanglots. C'est plutôt en t'admirant, en te décernant des louanges immortelles, et, si la nature nous en donne la force, en t'imitant que nous devons t'honorer : tel est le véritable hommage, tel est le devoir de tes proches. Et voici ce que je recommanderais aussi à ta fille et à ton épouse : vénérer la mémoire d'un père, d'un mari, en repassant dans leur esprit toutes ses actions et ses paroles, en retenant les traits et la ressemblance de son âme plutôt que de son corps. Loin de moi la pensée qu'il faille interdire les images figurées dans le marbre ou le bronze, mais, comme le visage des hommes, leurs portraits sont fragiles et périssables ; la figure de l'âme est éternelle ; on ne peut la conserver et la reproduire au moyen d'une matière et d'un art étrangers, mais par sa propre conduite. Tout ce que nous avons aimé dans Agricola, tout ce que nous avons admiré demeure et demeurera dans l'esprit des hommes, à tout jamais, par le souvenir de ses faits glorieux. Beaucoup d'anciens héros sont ensevelis dans l'oubli, comme s'ils avaient été sans gloire et inconnus : Agricola transmis par l'histoire à la postérité, survivra.

tibus placet, non cum corpore extinguuntur magnae animae, placide quiescas, nosque domum tuam ab infirmo desiderio et muliebribus lamentis ad contemplationem uirtutum tuarum uoces, quas neque lugeri neque| plangi fas est. [2] Admiratione te potius 65v col. 2 et *inmorta*libus laudibus et, si natura suppeditet, *similitudine co*lamus : is uerus honos, ea coniunctissimi cuiusque pietas. [3] Id filiae quoque uxorique praeceperim, sic patris, sic mariti memoriam uenerari, ut omnia facta dictaque eius secum reuoluant, formamque ac figuram animi magis quam corporis complectantur, non quia intercedendum putem imaginibus quae marmore aut aere finguntur, sed, ut uultus hominum, ita simulacra uultus inbecilla ac mortalia sunt, forma mentis aeterna, quam tenere et exprimere non per alienam materiam et artem, sed tuis ipse moribus possis. [4] Quidquid ex Agricola amauimus, quidquid mirati sumus, manet mansurumque est in animis hominum, in aeternitate temporum, fama rerum ; nam multos ueterum uelut inglorios et ignobilis obliuio obru*i*t : Agricola posteritati narratus et traditus superstes erit.

XLVI, 1 domum *codd.* : < et > domum *Urlichs* || neque...... neque *ETA* : nec.... nec *B* || et immortalibus *Acidalius* : et temporalibus *A* [*obelo in marg. adposito*] *B* temporalibus et *ET* temporibus *E* [*in marg.*] te immortalibus *Juste Lipse* [*om.* te *ante* potius] || similitudine *Grotius* : militum *ETA* multum *B* imitando *Puteolanus Pichena* aemulatu *Heinsius* || colamus *Muret* : decoramus *codd.* –remus *Orsini* || 3 formamque *T Muret* : famamque *EAB* || intercedendum *codd.* : interdicendum *Orsini* || 4 mirati *codd.* : admirati *Woelfflin* || fama *codd.* : < in > fama *Halm* || obruit *Haupt* : –et *codd.* || Cornelii Taciti de uita et moribus Iulii Agricolae liber explicit *E* [*sed* et moribus *om. uetus folium cf. Praef. p.* 29].

NOTES COMPLÉMENTAIRES

Chap. 1, l. 17. Sur M. Aemilius Scaurus, cf. Cic., *Brut.*, 29, 111-112 ; Val. Max., 4, 4, 11 ; Plin., *N. H.*, 33, 1, 21 ; Sall., *Jug.*, 15, 4 ; Tac., *Ann.*, 3, 66, 2.

» l. 23. La ponctuation adoptée (voir *App. critique*) détache à la fin du développement une exclamation, qui est la contrepartie de : *adeo uirtutes..... gignuntur.*

Chap. 2, l. 1. Dans le Journal officiel du sénat (*acta senatus*).

» l. 4. Sur le panégyrique de Paetus Thraséa par Aruléнus Rusticus, voir Tac., *Ann.*, 16, 21 sqq. ; Suet., *Dom.*, 10 ; Dio Cass., 67, 13, 2.

» l. 5. Sur la biographie d'Helvidius Priscus, gendre de Thraséa, par Hérennius Sénécion, voir Plin., *Ep.*, 7, 33, 4 ; 7, 19, 5.

» l. 8. Pour l'incinération des livres condamnés sur le *Comitium*, cf. Liv., 40, 29, 14.

» l. 9. On ? Domitien et ses conseillers.

Chap. 3, l. 3. Tacite l'appelle *Nerua Caesar* ; sur l'omission de *diuus* devant *Nerua*, voir *Introd. : Circonstances et date de la composition.*

» l. 6. Trajan (*Nerua Traianus*) portait par adoption le nom de Nerva depuis la fin d'octobre 97.

» l. 16. C.-à-d. le règne de Domitien (81-96).

Chap. 5, l. 4. Suétonius Paulinus, légat de Bretagne en 59-61 (cf. chap. 14-16) ; l'éloge qui lui est ici décerné peut faire allusion au sang-froid qui lui permit de rétablir la situation, lors de la révolte de 61 (cf. chap. 16, 2).

» l. 17. Allusion aux représailles exercées par les révoltés de 61 ; cf. chap. 16, 1. *Incensae coloniae* (Camulodunum), et *intersepti exercitus* (9ᵉ légion) sont des pluriels hyperboliques.

Chap. 6, l. 5. Son père, Domitius Décidius avait été un des premiers *quaestores aerarii*, nommés en 44 (cf. Tac., *Ann.*, 13, 29, 2 ; Dio Cass., 60, 24, 1), puis préteur en 47 ; voir *C. I. L.*, VI, 1403. Le mariage d'Agricola et de Domitia Décidiana eut lieu sans doute en 62.

» l. 8. Idée sous-entendue : les deux époux sont également louables, mais.....

» l. 21. Date de ce tribunat : 66.

» l. 23. En 68, la naissance de sa fille lui ayant valu une nouvelle avance d'un an ; l'âge normal de la préture était de 30 ans.

» l. 25. *Cura ludorum*, devenue depuis 22 av. J.-C. la plus spectaculaire des fonctions assignées aux préteurs (Dio Cass., 54, 2, 3).

Chap. 6, l. 28. Empereur de juin 68 à janvier 69, Galba nomma sans doute Agricola *Curator aedium sacrarum et operum publicorum*. Tacite fait allusion au pillage des temples sous Néron ; cf. Tac., *Ann.*, 15, 45 ; Suet., *Ner.*, 32.

Chap. 7, l. 1. En 69 ; cf. Tac., *Hist.*, 1, 87.

» l. 6. Sur cette croisière contre Vintimille, voir Tac., *Hist.*, 2, 12-13.

» l. 20. Roscius Coelius ; sur ses menées factieuses, voir Tac., *Hist.*, 1, 60.

Chap. 8, l. 2. Gouverneur de Bretagne en 69-70 ; sur sa mollesse, cf. chap. 16, 7 ; *Hist.*, 2, 97, 1.

» l. 7. Commandait la neuvième légion en Bretagne, lors de la révolte de 61 (Tac., *Ann.*, 14, 32, 6) ; consul suffect en 70, fut envoyé en Germanie pour réprimer la révolte de Civilis (*Hist.*, 4, 68, 1 sqq.) ; il gouverna la Bretagne de 71 à 74 ; cf. chap. 17.

Chap. 10, l. 17. Tacite passe César sous silence, et, plus loin (chap. 13, 2) il est assez sévère pour les résultats obtenus par César dans ses incursions en Bretagne ; sur cette attitude de Tacite à l'égard de César, voir P. Couissin, *art. cit.*

» l. 19. C.-à-d. de l'Écosse, qui s'étend au-delà de l'isthme formé par la Clyde et le Forth.

» l. 25. Déjà Pythéas avait, au IVe siècle av. J.-C., affirmé cette insularité ; mais la flotte d'Agricola en fournit la preuve ; cf. chap. 38, 5 ; Dio Cass., 39, 50, 4 ; 66, 20.

» l. 27. Mentionnée par Pythéas ; à l'époque de Tacite, Thulé doit être Mainland, la plus grande des îles Shetland.

Chap. 12, l. 14. Cf. Caes., *B. G.*, 5, 12, 7 ; Strab., 4, 5, 2.

» l. 18. Remarque valable pour les nuits d'été ; cf. Caes., *B. G.* 5, 13, 3 ; Strab., 2, 1, 18 ; Plin., *N. H.*, 2, 75, 186.

» l. 23. Cf. Plin., *N. H.*, 2, 10, 47 ; la terre étant un disque aux bords aplatis, ceux-ci ne portent qu'une ombre peu épaisse ; cette nappe d'obscurité n'atteint pas le ciel et les astres.

» l. 26. Ceci complète et rectifie la remarque de César (*B. G.*, 5, 12, 5).

Chap. 13, l. 15. Cf. Tac., *Ann.*, 1, 11, 7 (directive donnée par Auguste dans son testament) ; 4, 37, 4 (stricte observance de ses règles par Tibère).

» l. 16. C.-à-d., Caligula. Sur son projet de descendre en Bretagne, voir Suet., *Calig.*, 46 ; Dio Cass., 59, 25 ; et sur la campagne de 39 en Germanie, Suet., *Ibid.*, 43 ; Tac., *Germ.*, 37, 5 ; *Hist.*, 4, 15, 3 (*Gaianarum expeditionum ludibrium*).

» l. 24. Excellent résumé des faits narrés par Tacite (dans *Ann.*, 11, 31-40) et par Dion Cassius (60, 19 sqq.) ; le corps expéditionnaire de 43 comprenait quatre légions, des vexillations d'autres légions et des troupes auxiliaires. Les Dobuniens, à l'O. de la Tamise, furent soumis ; au sud, T. Flavius Vespasianus s'empara de l'île Vectis (Wight).

Chap. 14, l. 11. Les exemples ne manquent pas dans l'histoire de Rome Massinissa, Attale, Eumène... ; en Bretagne, Commius e Prasutagus.

» l. 14. A. Didius Gallus gouverna la Bretagne de 52 à 58 ; cf Tac., *Ann.*, 12, 40 ; 14, 29, 1 (*neque.... nisi parta retinuerat*)

» l. 15. Q. Véranius, gouverneur en 58, ou plutôt en 58-59 ; cf Tac., *Ann.*, 14, 29, 1.

» l. 18. C. Suétonius Paulinus, gouverneur de 59 à 61 ; cf. Tac. *Ann.*, 14, 29-39.

» l. 19. Pour César (*B. G.*, 5, 13, 3), qui a écrit sans doute *Mona* au lieu de *Monapia*, *Mona* désigne l'île de Man ; mais pour Tacite, c'est Anglesey, comme le montre l'épisode des na geurs, narré au chap. 18.

Chap. 15, l. 12. Centurions du gouverneur et affranchis du procurateur (appelés esclaves par mépris).

Chap. 16, l. 11. Ces représailles sont énumérées dans *Ann.*, 14, 33, 6 faire des prisonniers, les vendre eût été trop long ; gibets croix, fer feu servent mieux la fureur des révoltés.

» l. 12. Bataille décisive narrée par Tacite, dans *Ann.*, 14, 33-37

Chap. 18, l. 7. Elle occupait le Nord du Pays de Galles, dont les Silures tenaient la partie méridionale.

» l. 37. Les habitants de l'île ont été surpris d'être assaillis sans voir ni flotte de guerre (*classem*) ni bateaux de transport (*nauis*) ; en outre, un débarquement se serait produit à mer haute ; or *nota uada* montre que les assaillants sont venus à mer basse, lorsque les bancs de sable, découverts par le reflux, diminuaient la distance à parcourir, à la nage, entre la côte des Ordoviques et l'île.

» l. 46. Habitude connue d'après Liv., 5, 28, 13 ; Plin., *N. H.*, 15, 30, 133.

Chap. 19, l. 4. C.-à-d. de ses devanciers.

Chap. 23, l. 9. *Sinus* désigne la partie septentrionale de l'Angleterre, qui va se resserrant jusqu'à la ligne Clyde-Forth, et forme une poche de terre, comme ailleurs le mot désigne une poche d'eau (golfe ou vague).

Chap. 24, l. 4. La correction de Madvig (*Sabrinam*, la Severn) est inacceptable ; ou bien Agricola aurait traversé la Severn d'E. en O. ; il aurait atteint des peuples déjà connus, les Silures, soumis par Frontin (cf. XVII, 4), et les Ordoviques, soumis par Agricola (cf. XVIII, 2-3) ; ou bien Agricola aurait passé la Severn du N. au S. ; il aurait atteint la Cornouaille, le pays de l'étain, connu depuis longtemps par les marins carthaginois, grecs et marseillais. Les « peuples inconnus jusqu'alors » doivent être cherchés au Nord de la Bretagne, comme « la partie qui regarde l'Hibernie. » ; au point de vue géographique, la correction de Nipperdey (*in Clotae proxima*) serait plus satisfaisante ; mais elle n'est pas nécessaire : Agricola, le premier des Romains, a traversé l'estuaire de la Clyde (*naue prima transgressus*), atteignant ainsi des peuples calédoniens, inconnus jusqu'alors et regardant l'Hibernie, c.-à-d. au N. O. de l'estuaire. Mais *prima* peut s'entendre aussi du premier navire qui put, cette année-là, prendre la mer au printemps.

Chap. 24, l. 7. C.-à-d. l'Irlande (Ἰέρνη, *Hibernia, Iuernia*).

Chap. 25, l. 7. La *classis Britannica* (cf. Tac., *Hist.*, 4, 79, 3) avait sa base principale à Gesoriacum (Boulogne) et des bases secondaires sur les côtes de Bretagne.

» l. 24. Fortins établis sur la ligne Clyde-Forth (cf. chap. 23, 2) et au Nord ; cf. Furneaux..., *op. cit.*, *Introd.*, pp. 60 sqq.

Chap. 26, l. 5. Après les pertes subies en 61, la neuvième légion fut complétée par des renforts envoyés de Germanie (cf. Tac., *Ann.*, 14, 38, 2). Mais une inscription (*C. I. L.*, XIV, 3612) montre qu'un détachement fut prélevé sur cette *Legio IX Hispana*, et envoyé de Bretagne en Germanie (expédition de 83 contre les Chattes ?).

Chap. 28, l. 21. Entre les embouchures de l'Escaut et du Rhin.

» l. 22. Plus à l'Est, entre le Zuiderzee et l'Ems.

» l. 23. Pour les Romains, c'est la rive gauche du Rhin.

Chap. 29, l. 2. De l'été suivant, en 83.

» l. 13. Pour les levées effectuées en Bretagne, voir chap. 13, 1 ; 15, 3 ; 31, 1 ; 32, 1 ; 32, 7.

» l. 14. Chaîne qui traverse l'Écosse du N. E. au S. O.

» l. 15. Cf. chap. 26.

» l. 17. Sur le manque de collaboration qui faisait la perte des ennemis de Rome, voir chap. 12, 3.

» l. 25. N'est pas autrement connu.

» l. 27. L'expression *in hunc modum* montre que Tacite, conformément aux habitudes des historiens anciens, ne prétend pas rapporter les termes mêmes de l'orateur. Le discours a été découpé en paragraphes, d'après le plan.

Chap. 32, l. 3. Cf. chap. 12, 3.

» l. 7. C.-à-d. les Bataves et les Tongres qu'Agricola comptait parmi ses auxiliaires ; cf. chap. 36, 2.

» l. 8. Cf. chap. 29, 2.

Chap. 35, l. 19. Plus de trente mille combattants, d'après chap. 29, 4.

» l. 24. *Vexilla* désigne les enseignes des troupes auxiliaires, dont l'infanterie constitue le centre du dispositif romain (chap. 35, 2) ; Agricola se campe donc au milieu et en avant de sa première ligne.

Chap. 36, l. 7. Ils habitaient, dans la Hollande actuelle, l'île formée par le cours inférieur du Rhin ; cf. Tac., *Germ.*, 29, 1.

» l. 8. Les Tongres habitaient la région de Tongres, près de Liège ; cf. *Germ.*, 2, 5. En 61, d'après *Ann.*, 14, 38, 2, huit cohortes alliées furent envoyées de Germanie pour renforcer l'armée de Bretagne, et, d'après *Hist.*, 1, 59, 64, huit cohortes de Bataves constituaient *quartae decimae legionis auxilia*. En 83, Agricola n'a que quatre cohortes de Bataves et deux de Tongres ; on ignore l'affectation des autres.

Chap. 36, l. 11. Des spécimens de ces épées ont été découverts en Grande-Bretagne ; cf. Rice Holmes, *op. cit.*, p. 238.

Chap. 38, l. 28. Tacite camoufle habilement une retraite ; Agricola se repliait sur l'isthme Clyde-Forth et renonçait à prendre définitivement possession de la Calédonie. Dans la suite, Tacite laisse entendre que la jalousie de Domitien empêcha Agricola de parachever sa conquête. Mais S. Gsell (*op. cit.*, pp. 174-5) a exposé les raisons sérieuses qui purent déterminer l'empereur à suspendre la conquête de la Calédonie ; point de vue repris par L. Homo (*op. cit.*, pp. 392-393) ; cf. M. Cary, *art. cit.* ; Pryce-Birley, *art. cit.* Furneaux..., *op. cit.*, pp. LXXI sqq.

» l. 30. Port inconnu, peut-être Carpow sur le Firth of Tay, ou Cramond sur le Firth of Forth ; l'un et l'autre possèdent des vestiges de forts romains.

Chap. 39, l. 8. Il s'agit du premier triomphe sur les Chattes (automne 83) ; Martial (2, 2) vante la gloire de Domitien, qui reçut le titre de *Germanicus*, et Frontin (*Stratag.*, 2, 11, 7) montre les conséquences de cette heureuse campagne. Mais les écrivains hostiles à Domitien ont tourné en ridicule cette campagne de 83 ; cf. Dio Cass., 67, 4 ; Plin., *Paneg.*, 16. Les historiens d'aujourd'hui (S. Gsell, *op cit.*, pp. 186 sqq. ; L. Homo, *op. cit.*, p. 400) suivent Frontin contre Tacite et Dion Cassius. Mais pour M. Durry (*Mél. Éc. Rome*, 1921-22, pp. 303 sqq.) et P. Couissin (*Rev. Arch.*, juill.-déc. 1928, pp. 65 sqq.), l'examen des trophées corrobore les insinuations de Pline, Tacite et Dion Cassius.

Chap. 40, l. 4. En particulier, des *supplicationes*.

» l. 7. Un diplôme militaire (*C. I. L.*, III, 11) montre que T. Atilius Rufus était, en 80, légat de Pannonie.

» l. 13. C.-à-d. le Pas-de-Calais.

» l. 17. Peut-être Sallustius Lucullus qui fut, d'après Suétone (*Dom.*, 10) légat de Bretagne sous Domitien.

Chap. 41, l. 14. Le fleuve est le Danube, et la frontière fortifiée est celle que Domitien traça en Germanie après avoir, à la suite de la campagne de 83 contre les Chattes, agrandi le territoire romain sur la rive droite du Rhin ; cf. Frontin., *Stratag.*, 1, 3, 10 ; L. Homo, *op. cit.*, p. 401.

Chap. 42, l. 25. Tacite vise l'opposition mondaine et littéraire de la rhétorique stoïcienne à la tyrannie de Domitien ; cf. S. Gsell, *op. cit.*, p. 246.

Chap. 43, l. 2. *Nobis* n'est pas un pluriel de « modestie » ; il désigne la femme, la fille et le gendre d'Agricola ; de même, plus bas (2).

Chap. 45, l. 6. Carus Métius, délateur fameux, accusateur de Sénécion, de Fannia et de beaucoup d'autres ; cf. Plin., *Ep.*, 1, 5, 3 ; 7, 19, 5 ; 7, 27, 14 ; Mart., 12, 25, 5 ; Juv., 1, 36). On ignore quelle est la première victoire à laquelle Tacite fait ici allusion.

» l. 7. L. Valérius Catullus Messalinus, accusateur fameux ; cf. Plin., *Ep.*, 4, 22, 5 ; Juv., 4, 113-122.

» l. 8. Villa albaine de Domitien ; cf. Juv., 4, 145 ; Dio Cass., 67, 1, 2 (ἀκρόπολις) ; Tacite veut dire qu'on n'entendait pas encore Messalinus en plein sénat.

» l. 8. Massa Baebius fut accusé en 93 de malversations dans son gouvernement proconsulaire de la Bétique ; cf. Tac., *Hist.*, 4, 50, 3 ; Plin., *Ep.*, 7, 33 ; au moment où mourut Agricola (23 août 93), il n'était qu'un accusé, tandis qu'il devint plus tard un personnage influent.

» l. 13. Néron n'était pas présent au procès de Thraséa et de Soranus, devant le sénat, en 66 ; cf. Tac., *Ann.*, 16, 27, 2 (un discours du prince fut lu par son questeur).

» l. 18. Cf. Suet., *Dom.*, 18 ; Tac., *Hist.*, 4, 40, 1 ; Plin., *Paneg.*, 48 (*in ore impudentia multo rubore suffusa.*

» l. 31. Tacite avait donc quitté Rome en 89 ou 90. Après avoir été en 88 préteur et *quindecimuir sacris faciundis* (cf. *Ann.*, 11, 11), il dut gouverner une province (peut-être la Gaule belgique), ou commander une légion.

TABLEAU CHRONOLOGIQUE

DATES	VIE D'AGRICOLA	CONQUÊTE DE LA GRANDE-BRETAGNE	HISTOIRE GÉNÉRALE
55 av. J.-C.	. . . .	Première expédition de César.	
54 —	. . . .	Deuxième expédition de César.	
40 ap. J.-C.	13 juin : naissance d'Agricola.	Expédition projetée par Caligula.	3e consulat de Caligula.
43 —	. . . .	Expédition de Claude.	41-54 = Principat de Claude.
44-47 —	. . . .	A. Plautius Silvanus, légat.	
47-52 —	. . . .	P. Ostorius Scapula, légat.	
52-58 —	. . . .	A. Didius Gallus, légat.	54-68 = Principat de Néron.
58-59 —	. . . .	Q. Véranius, légat.	
59 —	. . . .	C. Suétonius Paulinus, légat (59-61).	
61 —	Tribunat militaire en Bretagne.	Révolte de Boudicca.	
62 —	Mariage avec Domitia Décidiana.	Pétronius Turpilianus, légat (62-63).	
63 —	Fin de 62 ou 63 : naissance d'un fils.	M. Trébellius Maximus, légat (63-69).	
64 —	Questure en Asie. Naissance d'une fille.		
66 —	Tribunat de la plèbe.		
68-69 —	Préture ; curatelle *aedium sacrarum et operum publicorum.*	. . . .	Galba empereur (juin 68-janv. 69).

69 ap. J.-C.	Mort de sa mère.	Vettius Bolanus, légat (69-70).	Soulèvement des prétoriens contre Galba ; croisière de la flotte d'Othon contre Vintimille. 69 : Année des quatre empereurs : Galba, Othon, Vitellius, Vespasien.
70 —	Agricola chargé par Mucien de lever des troupes.		Vespasien empereur (69-79).
71 —	Commandement de la 20e légion en Bretagne.	Pétilius Cérialis, légat (71-74).	
74 —	Retour de Bretagne ; gouvernement d'Aquitaine.	Julius Frontinus, légat (74-77).	
77 —	Consulat ; pontificat. Mariage de sa fille avec Tacite. Agricola gouverneur de Bretagne.	Cn. Julius Agricola, légat (77-84).	
	fin de l'été 77 : Première campagne d'Agricola ; expédition contre les Ordoviques et attaque de l'île de Mona (Anglesey).		
78 —	Manœuvres et mesures administratives.		
79 —	Troisième campagne : Agricola atteint le Tanaus (Tyne ?).		Titus empereur (79-81).
80 —	Quatrième campagne : Agricola atteint la Clyde et le Forth.		
81 —	Cinquième campagne : Agricola franchit la Clyde ; projets contre l'Irlande.		Domitien empereur (81-96).
82 —	Sixième campagne : opérations au nord du Forth, dans l'Écosse orientale ; les Calédoniens attaquent le camp de la 9e légion et sont repoussés ; levée en masse des Calédoniens. Odyssée de la cohorte usipienne.		

TABLEAU CHRONOLOGIQUE (*Suite*)

DATES	VIE D'AGRICOLA	CONQUÊTE DE LA GRANDE-BRETAGNE	HISTOIRE GÉNÉRALE
83 ap. J.-C.	Septième campagne : (Agricola perd un fils né en 82). Bataille du mont Graupius ; victoire ; circumnavigation de la flotte romaine.		Campagne de Domitien contre les Chattes. Automne 83 : triomphe de Domitien sur les Chattes.
84 —	Rappel d'Agricola ; il est remplacé probablement par Sallustius Lucullus.		
85 —	Retraite d'Agricola (85-93)	. . . .	Hiver 85-86 : revers de Mésie contre les Daces.
88 —	Préture de Tacite, gendre d'Agricola	. . . .	Révolte d'Antonius Saturninus ; campagne contre les Chattes.
89 —	. . . .	. . . .	Seconde guerre dacique de Domitien.
92 —	Agricola refuse le proconsulat.		Campagne contre les Jazyges, les Marcomans et les Quades.
93 —	Mort d'Agricola (23 août).	. . . .	Consulat de Colléga et de Priscinus.
96 —	. . . .	. . . .	Mort de Domitien (18 septembre).
97 —	. . . .	. . . .	Nerva empereur (96-98) ; seconde quinzaine d'octobre 97 : Trajan adopté par Nerva.
98 —	. . . . Publication de la *Vie d'Agricola*.	. . . .	Trajan empereur (27 janv. 98-117).

INDEX NOMINUM

BRITANNIA
0 50 100 150 200 km
Thule
(Shetland)
Orcades
Graupius Mons
(Grampians)
(Tay)
(Forth)
CALEDONIA
Tweed
(Clyde)
Luguvallium
(Carlisle)
Tyne
(Solway)
(Man)
BRIGANTES
Eburacum (York)
Mersey
Lindum (Lincoln)
(Wash)
HIBERNIA
Devu
(Chester)
ORDOVICES
CORITANI
ICENI
Glevum
(Gloucester)
Camulodunum
(Colchester)
SILVRES
DOBVNI
TRINOVANTES
Londinium
(Londres)
CANTII
BELGAE
DUMNONII
Gesoriacum
(Boulogne)
Vectis
(Wight)
Gallicum Mare (Manche)
GALLIA

TABLE DES MATIÈRES

Ce volume,
le cent troisième
de la série latine
de la Collection des Universités de France,
publié aux Éditions Les Belles Lettres,
a été achevé d'imprimer
en juin 2023
par La Manufacture Imprimeur
52202 Langres Cedex, France

N° d'édition : 10691
N° d'impression : 230453
Dépôt légal : juin 2023